幼児教育のデザイン

保育の生態学

無藤 隆──[著]

東京大学出版会

Designing Early Childhood Education:
An Ecological View
Takashi Muto
University of Tokyo Press, 2013
ISBN 978–4–13–052080–5

はしがき

本書は、幼児教育をめぐり、その園の環境のあり方について注目し、そこから、その基本原則を根底から考え直すことを行ったものである（なお、私は「保育」と「幼児教育」を同義語として使い、また幼稚園と保育所の保育とを区別しない）。一つ一つの章は独立しているが、相互に考えはつながりつつ、全体として保育の場である園をどうデザインするか、その基本となる原則を抽出した。

例えば、「遊び」であり、「園庭」であるが、それらを幼稚園・保育所の保育の中核を成すはずのものとしてとらえる。これらはまた現に日々、そういった保育の場で営まれていることであり、あるいは利用されているものである。それらの場を再考するために、以下のような方法的な問題意識を持って本書を執筆した。

ひとつは、関連する保育学や心理学、その他の学問の知見を参照することである。当たり前のことであるが、本書で扱うような、場の最も根底をなすようなことがらについては、直接関連するものは少ない。また、それらを直接適用するわけにもいかない。

第二は、哲学的・思想的な背景を参照することである。例えば、保育の中核を「美」としてとらえることは、一九世紀の幼稚園の創始者であるフレーベルに遡り、さらに、どうやら一八世紀半ばの美学の成立にいたる美的な議論から始まると見たほうがよいようだ（小田部胤久（二〇〇九）『西洋美学史』東京大学出版会）。これはむろん、デューイや、日本では倉橋惣三などにより発展させられ、また、著名なイタリアのレッジョ・エミリアの創設者のマラグッツィの思想にも現れてくる。

第三は、何より保育実践の事例をもとに考えることである。いくつかの観察研究も参照したが、園の保育の様子を見つつ、そのエピソードを元に考えたことを多く盛り込んでいる。そういったエピソード事例と実践的直感に訴えつつ考える営みを、保育の「詩学（ポエティカ）」として検討したのである。

こうした考えを、保育を「生態」としての捉える捉え方として結実させてきた（むろん「生態」とはベイトソンのいう意味においてである）。子どもがその環境において様々に活動しつつ、環境の意味を汲み出している。それを保育者は見つつ、働きかけ、また環境側の構成を作り替えていく。その人間的営みを見直すことが保育の生態学である。

これは特に、子どもと物・人との関係と、その関係を媒介する保育者の働き、という視点で捉えることができる。子どもたちが園の中で様々なものに出会いつつ、その意味づけを行い、あるいは意味づけを取り出す。それを充実させていくことが保育であり、その過程を環境側のあり方とともに捉えつつ、検討することを「生態学」と呼んだ。

本書をまとめるにあたり、草稿のチェックをして頂いた塚崎京子さんに感謝する。また、写真を提供してくれた白梅学園大学附属白梅幼稚園の子どもたちと保育者の皆様にもお礼申し上げる。また、日頃より保育を見せて頂いている多くの幼稚園・保育園の先生方、また共同研究その他で本書に展開している考えに建設的なコメントをして頂いている同輩・後進の研究者の方々にも、本書をまとめることで、その報告としたい。

無藤　隆

幼児教育のデザイン——保育の生態学・目　次

第1章——遊びとはなにか

遊びとはなにか。幼児教育では遊びというものを重視すると言うわけですが、そこで言う遊びがどういうものかということは、あまりきちんと論じられていないのです。特に、例えば発達心理学者が言っている遊びとは重なっていますが、違うところがいろいろとあります。さまざまな哲学的な遊び論というものも、重なりながら違うところがあると思います。保育において遊びを強調することはどういう意味なのかを考えてみます。

保育での遊びとは

発達心理学者が遊びと言うときには、世の中でいわれている遊びや子どもが楽しく遊んでいるいわゆる遊びが子どもにとってどういうものであるかとか、どうやって子どもはその遊びを行っているかを分析しています。それと、幼稚園・保育所で行われている遊びと呼ばれている活動とはかなり重なるけれども違います。例えば、発達心理学者にとってテレビゲームというのは重要な遊びの場面であり、研究対象ですが、幼稚園でふつうテレビゲームはさせません。幼稚園でやっている遊びというのは基本的に教育的な意味をもっているもので、何でもありではないわけです。では、哲学的な遊び論(代表として、西村、一九八九など)で言っている遊びの考えは保育における遊びによく当てはまるのでしょうか。保育学なりそれに近い領域でも、そういった議論をもとに遊び論を展開している人たちがいます。

そこにはいくつか問題があります。ひとつは、基本的に大人の遊びの分析ですから、子どもに、特に幼児にどこまで当てはまるのかという問題があります。また、どちらかというと教育という発想を捨てるということによって成り立つ議論であり、むしろ教育的発想に対しては批判的なスタンスに立っているでしょう。通常、保育で言っていた遊びとはかなり違うものになっていると思います。もっと素朴に言って、幼児の遊びにいわゆる遊び論で言っているようなもののすべてが含まれていると言えなくもないでしょうが、同時に幼児が普通にそこらへんの砂場などでやっているようなことについて、あまりに過剰な意味づけをしてもしかたがないのではないでしょうか。そんなに大げさな意味のある遊びをしているわけではないと思います。そういう意味では遊び論というものがどこまで当てはまるのかということについての疑問があります。

発達心理学系の遊び論と哲学系の遊び論というものが対比されたりもしますが、どちらも面白い面と、保育の立場からしてズレているところがあるかと思います。実際に園の中で遊んでいる子どもの様子から出発していき、また、そこで保育者が遊びにかかわって指導を行うのですが、それは何を指導しているかを考えると、幼児期に園の中で実現しようとしている遊びのタイプがあって、それが見えてきます。それは何かということが本章の問題です。

そのときに、一般論の話と園での遊びを考えていく場合とで、話がうまく合っていないと思うのです。あまりうまく議論されていないようにいつも思っています。別にこれまでの遊び論を否定しているわけではないのですが、「保育における遊び論」というものを独自に考える必要があるだろうと思っています。保育における遊びというのは何かとひとことで聞かれれば、基本的には遊びから学びへという流れがあって、いわゆる遊びのうち、学びへの芽生えというものが生まれてくるようなものを指すと言えると思います。

学びの芽生え

学びへの芽生えとなる遊びというのは、例えば算数遊びとか、そういうことを言っているわけではありません。ここで言っている「学び」とは、別に小学校の教科のことを指しているわけではないので、もっと広い意味で何かそこに子どもの成長というのが成り立つようなものを言っています。

保育研究者の間でたぶんかなり意見が分れていると思います。一方の人たちは、学びとか言わずに、まずその遊びにおける充実というものをしっかりやっていくと、結果的にはそういうことにつながると言っていると思います。これが主流派ではないかという感じはするのですが、まず子どもは目の前のことにどっぷりと漬かって、その遊びの中で十分充実した経験をすると、そこから成長が自然に生まれるものだという考えです。それは半ば正しいと思いますけれども、半ばはやはり違うと私は考えています。充実というだけでは不足で、そこに学びへの芽生えというものが生まれるということをとらえていかなければいけない。さらに、そちらに向けて援助していかなければいけないし、保育者は実際にそちらに向けて援助しているのだと思います。むしろ正確に言えば、学びへの芽生えがあるようなものを充実と呼んでいて、充実と芽生えというものは表裏一体になっているのではないでしょうか。そういうものとしてとらえられることが、保育者というもののあり方だと思います。

そういう立場から遊びの特徴というのを三つの視点でとらえたいと思います。ひとつめは、積極的・肯定的かかわりと呼んでよいと思います。ふたつめは、真剣な対峙というもの。みっつめは子ども同士の関係での共鳴ということを考えています。

積極的・肯定的かかわり

まず最初に、遊びというものが積極的・肯定的なかかわりの中で起きるということについてです。これは簡単に言えば「遊びというのは楽しいものだ」ということです。遊びというのは楽しくて、楽しいから遊びというわけです。遊びというのは楽しいものというのはよさそうですが、いろいろな問題がここにあるのです。ひとつは、この楽しさはどこから来るかということです。どうして楽しいのかということです。それから、もうひとつの問題は、実際にいわゆる遊びを見ていると、楽しいのかどうかはどうやって決められるかということが出てきます。一生懸命遊んでいるときに、楽しいと呼べることかどうかということです。楽しさというのは、みんなで笑い合っているのは誰が見ても楽しいということですが、例えば子どもたちがサッカー遊びをしているときに、げらげら笑ってなどはしないでしょう。真剣にやっています。げらげら笑っているとか微笑んでいるという意味での楽しさと定義すると、実はほとんどの遊びは遊びではないわけです。子どもは砂場遊びをしていても、積み木遊びをしていても、げらげら笑ったりしません。冗談を言えば笑いますが、それは別な話でしょう。目が輝いていると言われてもよく分かりません。一生懸命やっているというと今度は先生のお話を一生懸命聞いているというのもそうなり、塾でドリルを一生懸命やっていても一生懸命には違いないのです。それを遊びと呼ぶのはなんとなく抵抗感があります。ですから、実は楽しさというのは当たり前のようですが、それほど自明ではないわけです。

ここらへんで遊び論というのは混乱してきて、定義しにくいのです。実は、遊びの発達心理学という分野は、文献を調べると分かりますが、たぶん一九八〇年代ぐらいまでは研究が活発でしたが、その後の二〇年というのは遊びの発達心理学とか遊びの心理学といった目立った研究はほとんど出ていません（Rubin, Fein, & Vandenberg, 1983）。行き詰まったのです。どうして行き詰まったかというと、結局遊びというのは定義しにくいということだと思います。遊びという単位で何か研究しようと思っても、なかなかうまくいきません。分類しにくいということで、遊びという言い方はあまりしたくないと多くの心理学者は思うようです。しかし、保育界では保育・幼児教育というのは遊びだと言っている以上は遊びが中心ですから、それを主張していきます。

子どもが園でやっていることは、遊びだと言えば確かに遊びとしか言えないものをやっているわけですから、定義がしにくいのですが、「あれは遊びである」ということで、議論するしかありません。ということで、なかなか明確な特徴づけをしにくいものなのです。ですから、かなり以前から、特に哲学的な議論をする人は、遊びというのは定義に逆らうものだとか、逆説的であるとか、そのように言います。いかなる定義をしても、それから外れるものが遊びであると論じたりします。それはある種のレトリックで、言葉としてかっこうよいとは思いますし、なるほどとも思いますが、そこから先にあまりいかないものです。そこから先の研究・分析ということをあまり可能にしていません。ですから、遊び論というのは、心理学に限らず哲学的な議論にしても、二〇年前から新しい知見は出ていないと思います。それは基本的にはこういう非常に単純なことが分からないからです。

私はそれに対して、別に新しい遊びの定義を出すとか、新しい理論を打ち出したわけではありません。そうではなくて、幼稚園で子どもがやっていることというのは、あれだとみな分かっています。砂場に行けば砂場をやっているとか、積み木をやっているとか、折り紙を作っているとか、サッカーをやっているとか、そういうのを遊びと呼ぼうと言えば、了解できます。言葉として定義できなくても「あれ」とわれわれは指し示していたと思うのです。「あそこはあんまり遊びっぽくない」とか、「ご飯食べているのは遊びじゃないんじゃないか」とか、保育者に言われて母の日のプレゼントを一生懸命作っても、「あれは遊びじゃなくて言われてるだけだ」とか、微妙な事例はあるけれども、おおむね八割ぐらいはたぶん「あれ」というふうに言って一致すると思うのです。

ですから、「あれ」ということで考えてみると、いくつかの働きがそこにはあるだろうということです。その第一の働きというものが積極的・肯定的にかかわることだと言っています。そのものを好きになるとか、そのものにかかわりたくなるとか、かかわっている状態にあるとか、感じるということです。

物事を肯定して受け入れる

子どもたちは遊ぶということを通して、そこでかかわる対象について、またその活動についてプラスの感情のものとしてとらえるようになります。そこに行ってみたいとか、そこで何かしたいことです。

例えば、幼稚園でウサギを飼っていて、世話をするだけではなくて、ちょっと遊ぶとします。これも遊び論の難しいところで、ウサギ小屋のお掃除をしてエサをやったというのは世話で、ウサギを取り出してじゃれたら遊びだろうとするのかどうか。世話は当番として与えられていることであって、遊びではないと言うのでしょうか。あまり細かく分けていくと、難しくなります。園でやっていることがすべて自由に考案・選択した遊びでなければならないと簡単には割り切れません。実際に園の子どもがやっていることのかなりの部分は保育者に言われてやっています。あるいは、やることになっているからやっています。そういうものを遊びから排除すると、議論が狭くなります。

世話にしても、庭でウサギと遊ぶのと緩やかな意味では一緒だとすると、例えばそのウサギについて、「ウサギって楽しいな」とか「面白いな」と感じるとすると、それはウサギというものに対して肯定的に受け入れるということが成り立つわけです。つまり、遊びを通して子どもたちはさまざまなものについて、あるいは人について肯定的なものとして受け止めるようになっていきます。それが最も基本的な遊びの働きではないかということです。

肯定的に受け止められるようになるということは、つまりそのものとの関係が肯定的な雰囲気の中でつくられることによってそうなるわけです。大人でも、一緒にデートに行って映画を観るなりして、そのときに楽しい思いをしたとすると、映画も楽しいし、映画館に行ったことも楽しいし、その後でレストランで食事したことも、往復で話したことも、その人との関係もすべてを包む楽しさのオーラみたいなものがあります。全体としてある楽しいという情動的な雰囲気の中で経験します。そうすると、その人を好意的に感じるだけでなくて、映画とか、その映画を観たどこかの映画館がよかったとか、全体として一緒のものとして経験されます。このように、さまざまなものについて肯定的になっていくということです。例えばクラスのいろいろな子と一緒に遊ぶということを通して、それぞれの子どもを肯定的に受け止めます。ウサギだったり砂場だったり積み木だったりサッカーボールだったり、ハサミとノリだったりというさまざまなものに対しても肯定的な関係を取り結ぶということです。

世界の事物を肯定する

そもそも「環境を通しての保育」という考えをベースにしながら、この本ではそれを発展させていくわけです。そのときに、園の中にある環境というものが、基本的に子どもたちが経験するであろう世界全体の縮図として成り立つと考えるのです。世界を構成するもののいわば代表みたいなものが園環境に置かれていなければいけません。それを抽象化すると保育内容となるわけです。ただ、世界を構成するという言い方は大げさですし、どう整理するかもまた難しいのです。世の中には大人も子どももいて、動物も植物もあり、砂や土や水があります。光や風があり、それから、人工物としての造形作品があるとか、音楽があります。要するに、世の中を構成するものは、もちろん無数にあるわけです。その中で幼児にふさわしいものは何かという議論は、ややこしくなりますけれど、そのぐらい単純に整理すると、おおむね園にそこそこありそうなもので代表されると思います。

三歳から五歳という幼児期において、この世界で子どもたちが経験すべきことの基本的な要素を経験させよう、これが幼児教育だと私は考えているわけです。とはいえ、全世界の要素を網羅する必要はないのですが、何らかの代表を置こうという考えです。それに対して、おそらくそうでないとする立場もあるのでしょう。例えば世の中には一切動物・植物がないような幼稚園だってあります。算数・国語につながる指導があればよいとする立場もあるのでしょう。また全然別な立場としては、遊びというものは子どもの充実ということが大事で、その対象がウサギや植物か積み木かといったことにこだわる必要はないとも言えるかもしれません。子どもが、例えば水遊びばかりしているとしたら、その子にとって水が大事なのだから、別に動物にかかわらなくてもよいのではないかという考えもあります。それは極端な遊び充実論とでも言える考えです。

そういう考えに対して、私は基本的にはそうではないと考えます。そもそも、さまざまなものに接しないと遊びは充実しないと思いますけれども、それは置いておいても、基本的にさまざまなものにかかわることは、子どもたちが幼児期に世界のさまざまな要素を受け入れるという体験をすることが必要だからです。もちろん、幼児期ということが問題なので、すべてを園でまかなわなければいけないということはありません。家庭や地域なりどこかで経験すればよいわけですから、すべてを園で一〇〇パーセント用意しておく必要はありません。例えば家族関係は家庭の問題です。テレビを含めいろいろなメディアに接するのも大事だと思うけれどもすべて園で用意すべきだというわけではありません。基本的に園というものが今の世の中においては大きな位置を幼児期に占めるので、そのように考えています。

そうだとすると、幼児期において一番大事な学びというものは、世の中にあるもろもろのものを受け入れることとです。自分がそれと一緒にこれから生きていくわけですけれど、それを肯定的にとらえていきます。そういう経験をさせるということが一番の基本になります。では、そういう経験というのはどこで可能かというと、子どもがともあれ遊びということをすることによって、それを肯定的に受け止めるようなことができると思うのです。

例えば、食べるということで言えば、家庭にいて母乳なりミルクをもらうということから離乳食へ移り、肯定的に受け止めることができてくるのですけれども、ここでおいしさを味わっています。食べるというのは、食べるという活動を通して最も最初に世界の異物を受け入れるときなのです。食べるということとの一番中心となる発達はゼロ歳から二歳ぐらいの期間で、味覚もだいたい基本はそこでできます。けれども、もちろん幼児期においても食べるということはあります。特に園の場合には、人と一緒にマナーに沿って食べる活動を展開していますけれども、そういうことを受け止めるということをするわけです。いろいろなことをここで経験しますが、その基本は楽しさと言えます。ですから、園で給食や弁当を食べるのは、遊びとは言わず、生活の必要性そのものだとしてもそうなります。

生活における受け入れ

実は園における遊びはすべてカバーしてはいなくて、そのあたりが保育として論じるのが難しいところです。例えば、園においてトイレの問題は非常に重要で、排泄の自立をしなければいけません。自立をするだけではなくて、排泄ということを肯定的にとらえるとか、トイレという存在やトイレに行くことを肯定的に受け止められるようにするということが、幼稚園・保育園では大事な目標になっています。例えば、トイレを子どもにとって快適な空間にしようという動きが広がってきています（無藤・汐見（監修）、岡本（編）、二〇〇七、北大路書房）。トイレが水洗になってきれいになって、さらに感じのよいところにするという動きが強くなりました。今でも古い幼稚園や小学校は、バイ菌がいるかいないかという意味では汚くはないのですが、なんか感じが悪いところがあります。例えば、すのこがあってサンダルで行くようなトイレはよくあります。コンクリートで別になっているのを水を流してきれいにするのですが、特に濡れているあたりが何となく不潔感があります。最近は、例えばサンダルにするとお漏らしするというのもあるので、履き替えないですむように同じ床にするとか、カラフルにするとか、絵が飾ってあるとか、明るくするとか、いろいろな工夫がトイレの設計に出てきています。

ですから、肯定的かかわりと呼んでいるのは、遊びというものより広く考えています。いわゆる遊び論では、トイレの問題や食事の問題は考えることはできません。さすがにそういうものは遊びとは言いません。「トイレに行くときに遊んでちゃダメ」と先生が言うわけです。今言っている肯定的なかかわりという意味では、そういうものも含んでいる必要があります。

積極的なかかわりを促す

さらに、積極的と言っているのは、子どもたちがそこで何かをつくり出していくのであって、単に受け身で楽しく見るというものではないということです。例えばテレビでいろいろなコマーシャルを見ていると、楽しそうな感じがします。キャラクター商品などにしても楽しげです。けれども、そこに積極的に子どもたちが自分で何かをすることを可能にしていきます。ウサギの世話をするとかそういう関係で、そのことによって肯定的にとらえるだけではなくて、自分がそこで何かできることとして経験されることが必要です。それが次の論議につながります。

真剣な対峙として

もうひとつは、園における広い意味での遊びというものは、そこに物への真剣な対峙というものがあります。つまり、一生懸命やるということです。最初に述べたように、例えばサッカー遊びをしていても、絵を描いていても、砂場遊びでも、何でもそうですが、基本的に子どもは楽しいと思うのです。少なくともそのやっている姿は生き生きとしています。ただ、ふつうに言う楽しさではなく、充実感ということです。また、そこでは真剣さということがあって、例えばサッカー遊びで一生懸命ボールにかかわっているときに、いいかげんにボールを蹴ったりはしません。ゴールに向けて一生懸命サッカーをします。ウサギを世話したり遊んだりするときは、ウサギというものに対してそれを大事にするかたちでかかわります。

例えば、ある幼稚園で子どもを見ていました。その幼稚園ではハムスターを部屋の中で飼っているのですが、年長の女の子がハムスターをそこから出して、ごっこ遊びのようにして、赤ちゃんみたいにして遊んでいたのです。そうしたら、向こうで誰かが呼んだのです。そうするとその子はハムスターをひょいと捨てるように床に放り出して行ってしまったのです。その捨て方が本当に物を放り出すようだったのです。要するにお人形遊びみたいな感じだと私には思えたのです。そもそも、赤ちゃんのようにかわいがるというのはハムスターにすれば迷惑で、子どものほうはかわいがっているつもりかもしれませんが、ハムスターとしたらかわいがられたくないかもしれません。たぶん、あまり楽しくないでしょう。もちろん、ウサギもハムスターも、それなりの抱き方があります。つまり、その物にふさわしいかかわり方というのをしていくということです。

子どもの遊びはより進展していきます。サッカー遊びでも積み木でもよいし、砂場でもよいです。例えば砂場で穴を掘っているとすれば、最初はなかなかうまく掘れないのが、だんだんしっかりとトンネルができるようになりますけれども、そうすれば、その砂の特性をよく生かしているわけです。ふつう、砂場というのは表面は乾いていて下は湿っているからやや黒くなっています。しっかりと詰まっているので、トンネルが掘れます。上のほうの砂は白いのでパラパラと、きれいな雪みたいになります。そこに水を流すと、しばらくは水がたまって流れるのですが、それは、そういったものの特徴を利用して遊んでいるわけです。これは別に、子どもとして砂場の特徴は何だろうと分析してやっているわけではないのですが、その砂場遊びを面白くさせるためには、やはり砂の特徴を生かしたほうがよいわけです。せっかく黒いところは黒く、白いところは白いので、砂でもしケーキを作ったとすれば、上に何でもよいから葉っぱを乗せて、かつ、その白い砂をふわっとやるとお砂糖みたいになるとか、それはそのものの特徴を使っているわけです。そこにものとの関係というのがしっかり出てきています。そうだとすると、つまりそういった遊びを通して子どもたちはそのものの特徴というものを、言葉にはできないけれども暗黙のうちに学んでいることになるわけです。つまり、遊びというものが面白くなっていくためには、そのものの生かし方が必要で、それを通してそのものの特徴が何かが学ばれていくのです。

子ども同士の関係で共鳴する

幼稚園・保育所というのは子どもの集団の場です。そこに子ども同士が遊ぶということが起きます。そこから遊びが発展していくわけです。そうすると、例えばひとりの子どもがいて、その子が砂場で何かしている。別な子どもが来て、やはり砂にかかわる。そうすると、それぞれの砂へのかかわり方というのが互いに目に入っていきますから、そこに何かお互いが共鳴するところが出てくるわけです。

相手に影響を与える、与えられるという関係が生まれてきます。こういう状態を並行遊びや協同遊びと呼んだりします。相手のかかわり方や遊んでいる活動の様子をどこまでしっかり採り入れるか、組み合う強さというか、それによって遊びのレベルも分けることになるでしょう。そのもとをたどれば、要するにそれぞれの子どもが絵を描いているとか、ウサギにかかわっているとか、砂場で穴を掘っているというときに、その様子が目に入る中で、何か自分のやっていることとつながっていくということです。こういう素朴なレベルは並行遊びということになりますけれども、そういうものがおそらく共鳴するということの始まりとしてあるのではないかということです。

例えば、こっちの子はそばにいるだけだったのが、相手のやっているのを見てまねするとか似たことをするとかということによって、この相手の子どもが何かにかかわっている、そのかかわり方をいわば自分の中に採り入れていくわけです。まねするわけですが、こっちの子がまねするとそれが今度相手のほうへ影響していき、と相互に影響し合っていくのです。そういう共鳴するような関係の中で、ものとの関係というものが複雑に変化していきます。これが発展していくと、要するにここで一緒に遊ぶという関係が生まれてくるわけです。

私たちが一緒にサッカー遊びをしたとか、私たちが一緒に絵を描いたとか。文字どおり同じ遊びをそこでしてもよいし、しなくてもよいけれど、一緒であるということにより、私たち感覚が生まれてきます。ふたりの子どもがともに砂場で穴を掘っているというようにまったく同じことをしてもよいし、そうでなくて似たことをしてもよいし、あるいはただ刺激されるということでもよいけれども、いずれにしてもこの共鳴する関係の中で一緒だという感覚が生まれます。

もっと直接的にまねし合うこともあります。こっちの子が変なおどけた格好をしたら、それをまねしてこっちの子がおどけた格好をして、またしているということで盛り上がっていく、というような関係です。それはある意味ではもう少し複雑で、これもまた分析したいと思いますが、子どもと子どもの関係では、そこに自分たちの身体と声が入ってきて、これを巡ってやりとりが生じます。例えば変な形のおどけた格好をするとか、「何とかレンジャー」のかっこうをまねするとかです。声でいえば、変な声を出すとか、「うんち」とか変なことを言うことがあると、それをまねします。これは、自分たちの声とか言葉とか身体、身振りみたいなものを意図的に操作するという関係のものです。こういうときには、身体の動きとか声の出し方が自分といわば離れるような感じで使います。こっちの子が変なキーキー！という声をわざと出すと、こっちの子はまねしてキーと言う。そのときに、キーという声の出し方というものをそれぞれがまねするというわけです。そこでは自分が自然に声を出しているわけではなくて、意図的にその声を出すという関係が出てきます。これも広い意味での模倣となっています。

遊びと生活から学びへ

話をまとめますと、園の中で子どもがいわゆる遊びというのをしているとします。あるいは、ここでは広く、園の中にさまざまな生活が成り立っています。そこでは基本的に子どもたちがさまざまなものにかかわっていて、そのかかわりが肯定的な経験として成り立ちます。それを通してそのかかわっている対象があり、いろいろな活動があります。食べ物とか、食事をするとか、排泄するとか、トイレという場とか、あるいはうんちを出すという行為といったことが、肯定的なものとして受け入れられます。その肯定的なオーラのようなものの中で、そのものの特性を学び、またそこにほかの子どもがかかわるという関係の中で、ものとの関係をさらに膨らませて、発展させ、活動を展開させるということが出てきます。この先にいわゆる学びらしいものが発生していくのではないかととらえているのです。

第2章——園の環境デザイン

本章では、園の環境デザインについて検討します。園の環境というのは実に多様ではあるのですが、基本的なところは共通しています。日本の幼稚園・保育所は原則として、建物があって、その中に保育室があり、また付設して庭があるわけです。それらの場において、子どもの遊びが展開します。こういう園の環境をどういうかたちにデザインしていくかということが問題です。

この分野では何と言っても、建築家の仙田が開拓的仕事をしています（例えば、仙田、一九九二）。そこでは、幼稚園や公園が子どもの遊びの空間となるためのいくつかの条件を出しています。例えば子どもがぐるぐると回って動けるようにしようとか、隠れ家みたいなものを造るのですが、ふつうの教室ではなくて端っこに何か穴蔵みたいなものを造るとか、ちょっと曲がりくねっているとか、そういうことを幼稚園でもやっているし小学校でもやっていて、評判になった建物もあります。基本的にそういう考え方に近いのですけれども、私なりの整理をしたいと思います。

園の環境に置かれた物にかかわる

幼児教育を行う幼稚園・保育所というものは、子どもが園の環境に置かれた物にかかわる場なのだと私はとらえています。子どもは園の中に毎日一定時間暮らしているわけですけれども、そこに子どもに触れてほしい物を配置します。子どもがその中を動いていきながら、それらの物にかかわるということです。

これは小学校以上の学校教育と比べるとはっきりします。例えば、教室というのは基本的に机、椅子、黒板と、後は多少の掲示物くらいで、ほかに何もないわけです。小学校の教室であればどこも基本的には同じで、算数の時間になると算数の教科書と算数のノートと算数セットを出します。もちろん特別教室というのがあって、理科の実験室とか、家庭科の部屋とかがありますが、理科の実験室に行っても、理科の実験道具は棚にしまわれていて、「今日は水溶液の実験だ」となれば、それに関するアルコールランプだのビーカーだのを出して実験するわけです。つまり、小学校以上の学校教育においては教材を子どもに与えて、その時間子どもは教材とかかわるというかたちをとっています。ですから、基本的に子どもにとっての教室空間というのは学習空間そのものではなく、潜在的に学習する活動が起こる手前にある空間なのです。そこで教材を時間のたびに出すことによって、初めて学習活動がスタートし、教材をしまうことによって学習活動は終わるわけです。

もうひとつは休み時間とか給食とかの授業以外の時間のために、例えば廊下を広くするとか、廊下の隅っこに隠れ家風のものを造るということをします。また、例えば生活科とか総合的な学習のように、机と椅子という学習の場以外のオープンスペースであったりワークスペースであったりというのも最近は増えてきたので、そうなると、例えば壁がない方がよいだとか、机は片付けて床に座ってやるといった活動ももちろん行われます。そういうことに対してやりやすくするということもいろいろ考えて、環境をデザインするようです。

それに対して、園の場合には、子どもの活動を物を介して誘発します。これは幼稚園教育要領でいうところの「環境を通しての保育」といったところに対応することです。そういう考え方が環境を通しての保育のひとつのバリエーションになっています。保育者がかかわるとか子ども同士の関係ということを中心にする立場もあると思いますし、もっと家庭生活との連続性で考えていく立場もあると思うのですが、私は基本的には物との関係で考えます。

もうひとつは、第1章でも述べたように、園の中にいわば子どもが出会う世界の代表みたいなものを置いて、そこに出会うことによって子どもは幼児期に必要な学びをするのだと考えているわけです。厳密に言えば、この空間以外に散歩に行くとかありますので、そういったことも含めて考えます。こういう考え方は、私がとらえるところの幼稚園・保育所の教育のあり方で、幼稚園教育要領などで出されている発想のひとつの解釈です。違う解釈も多分あるのだと思います。

例えば、実際にさまざまな幼稚園・保育所を見ると、小学校の時間割めいたやり方で保育をしているところもあります。例えば、今日は絵を描くとします。そうすると、そのときにしまっていたクレヨンだの何だのを引き出しから出すという具合のやり方というのは結構あります。一人ひとり名前が書いてあるクレヨンセットとかが引き出しにしまってあって、お絵描きの時間にはそれを出して「はい、描こうね」というかたちをとるなどです。今日はトランポリンをやるので、トランポリンを出してみんなでやるとか、そのようにふだんはしまわれていて、そのつど引き出して、この時間にこれをやるというやり方も結構多いでしょう。それも現実にはあるのですから、ひとつの考え方ではないかと思います。それに対して、私などは、基本的に、必要な物は最初から置いておいて、子どもはいつ使ってもよいというようにしたいと考えています。

世界の代表とはどうやって決めるのかはかなり恣意的なことにならざるをえません。直感的に言えば、世の中には人がいて物があり、また物には人工物と自然物とあって、自然物には生き物とそうでないものがあります。生き物の中に動物やら植物やらがいます。動物には、細かく言えばいくらでもありますが、大ざっぱに言えば哺乳類みたいなものと昆虫みたいなものがあるぐらいのことは、幼児にとって意味があるでしょう。それは、保育内容の環境において整理されています。

園における物の配置とかかわり方

いろいろな物をどう園の環境に配置するかということが第一の問題です。配置した上で子どもがそれにかかわっていかなければいけません。そのものがどういうものかを子どもが体験的に知るということです。その物を使ったある種の身体的な活動として成り立つでしょう。幼児期においては単に眺めるだけでは意味がなくて、それに実際に触れて、さらに、それを使って何か面白いことをやってみるということで、その物についてのある種の理解が進みます。ですから、その物に対してさまざまな身体的活動を可能にしなければいけません。

もうひとつは、その物を知るというときに、ある種の決まった使い方があることを学ぶとともに、そのかかわり方への広がりを可能にするということです。例えば滑り台ならば、階段を登って上の広いところから滑りますが、例えば滑り台を逆から登ってみるとか、同じ滑るのでも腹ばいになったりおしりで滑ったり、いろいろな滑り方があって、そこにかかわりの多様性が生じます。いろいろなかかわり方によってそのものについてのある種の直感的理解が広がっていくわけです。そういうことが重要ではないかと思っているわけです。では、そういうことが成り立つためにはどうしたらよいかということです。

ひとつは、この物に対するさまざまな方向からの接近可能性があるべきだと思います。これは文字どおりのことです。つまり、机へのかかわりというのを考えたときに、さまざまなかかわり方が必要だろうと思います。そうすると、表側だけではなくて裏側にはどう行けるかということです。さらに、園の中にいろいろな物があるとすれば、そのすべてに子どもがアクセスできるべきではないかと思います。基本的にいろいろな物が配置されているけれども、そこに対する多様なかかわりというものを許容していくということです。多様なかかわりというのは、物理的な意味でいろいろな方向からということと、いろいろな使い方ということとがあります。

それからもうひとつは、物と場の関係があるのです。滑り台などはだいたいどこに置いても同じような使い方になると思うのですが、多くの物はほかの物との関係で使われ方が変わるわけです。

例えば、シャボン玉というのは石けん液ですが、シャボン玉を吹くということはシャボン玉との基本的な関係の取り方です。シャボン玉へのかかわりの多様性というのは、例えばフッと勢いよく吹いたり、緩やかに吹いたりすることです。シャボン玉というのはストローの太さとか先の広がり方で大きくなったり小さくなったりするわけです。例えばそういうものを滑り台の上から吹くとか、二階のベランダから吹けばそのシャボン玉は遠くまで飛んで、その様子が見えます。シャボン玉を吹くというのは、フッと吹いて玉が空中に浮かぶというだけではなくて、シャボン玉が風に乗って飛んでいくということが見えてきます。そうすると、同じシャボン玉といってもそこらへんに出てフッと吹いたときに見えるものと、滑り台の上なりベランダから吹くものとで、子どもにとって受ける感じ方が変わります。そこにシャボン玉というものと滑り台の上とかベランダという場の関係が生まれてきます。

さらに、そこに別な物がかかわってきます。例えば風が吹きます。置かれた物と言いましたが、実はかなり広い意味で使っています。滑り台とか、ウサギがいるとか、パンジーの花が咲いているとか、積み木があるとか、これは具体的な物です。その中でもシャボン玉みたいなものは可動性があり、さらに吹くことによって動くある種の物です。シャボン玉というのは、そこにある物としては石けん液ですから、それを吹くことによって生まれる物です。

空間の中に生じるもの

園という空間の中に風が吹いてくれれば、風との出会いがあります。風だとか光だとか土とか水とか、こういうものは昔から人間がどこかで出会うべき自然の要素として考えられています。幼児期にそういうものに出会った方がおそらくよいのではないかと思います。ところが、風とか光に現代の日本の社会の子どもたちが出会うというのは、あまり簡単ではありません。基本的に今の子どもたちは室内で暮らしていますし、移動も自動車が多いから、風というものを感じ取る機会が少ないのです。その上、風は見えないわけですから、なかなか風というものを実感するのは難しいのではないでしょうか。台風の日にでも子どもが外を歩けば、きっと実感できると思いますが、そんな日に外へ出さないでしょう。

光に出会うというのはなかなか難しいように思います。日の光の明るさはみな知っているのですが、例えば太陽の光に改めて出会うというのは難しいのです。太陽の光が来て影ができれば、そこは分かると思いますが、光の輝きだとか冬の暖かさとか夏の暑さというのを実感するというのは難しいことです。そういうことを考えた実践はいろいろあります。例えば影絵を作るとか、ステンドグラスみたいにして色をきれいに出すといったものです。ただ、光というのは実践的にはなかなか難しいように思います。現代社会は明るくできているので、例えば、最近は影絵踏みという遊びはなくなりました。街頭が充実しているので、影らしい影があんまりちゃんとできないのです。真っ昼間の影踏みはあまり面白くなくて、やはり夕方影が長くなったところが面白いのですが、なかなか難しいものです。

シャボン玉というのは室内でやると、割れて汚いですし、あまり面白くありません。外の風でふわふわっと飛んで、たいていはすぐ消えてしまいますが、屋根まで飛んだりします。日が射していると虹色できらきらと輝く様子とか、そういうことによって、シャボン玉からさらに風とか光への出会いができるわけです。そういった活動に向けていく必要があります。

環境デザインとしてのアクセス可能性

シャボン玉のやり方までは活動の指導の問題だから見通せないところがありますが、ある程度まではそういうことまで考えながら環境デザインを考えていきます。要するに、さまざまな物が置かれているということとともに、その間の物と物のつながりみたいなものができるようにしていくということが必要です。

子どもたちがこれらを経験するためには、いろいろなところへ子どもが動いていかなければなりません。「回遊」(先ほどの仙田著)と呼ばれるひと巡りする動きが重要になります。園で子どもの様子を見ていると、子どもたちは一カ所でしばらく遊んでいると動いていきます。遊びが長続きしないせいもあるのですが、ほかにも何か面白そうなことはないかと移動していきます。その移動をしやすくしていく必要があります。すべての空間に対してこの移動が可能になっていけば、ひととおりいろいろなものを経験します。

別に一日できれいに経験すべきだというのではありません。こういう移動がいろいろなところへつながっていくためには、基本的には一周できる空間というのが重要になってきます。そこでは、簡単に言えば入り口と出口がある必要があります。例えば、遊戯室とかホールとか言いますが、大きな部屋があったときに、入り口が一カ所だと、子どもたちが入ってきて、入り口から「何してるかな」と中をのぞきます。部屋の中に入ることに対して抵抗感があるようです。反対側が開けてあると部屋を通過するようになり、通過の途中にほかの物を見ることになるので、そこで接触が可能になります。袋小路になっていると、そこには入りにくくなるのです。接触が制限されることになります。ですから、園全体が子どもにとってアクセス（接近）可能にするということは、ぐるっと巡られるように造ってあるということがひとつ必要です。

もうひとつは、基本的に子どもにとって目に入る物には触ってよいということにします。もちろん、中には安全のために入ってはいけないとか触ってはいけないことはありえます。そうだとしたら、ここは先生の職員室だから入ってはいけないとか、ここは機械室だからだめとか、ここは危ないからいけないとか限定して、それ以外は全部子どもにとって触ってもよい空間であるとするとよいのではないでしょうか。そこにある物はすべて使ってよいとするというのが原則としてあります。子どもにとって目に入るすべての物についての接近可能性を保証するということです。

これは当たり前のようでいて、それを徹底している園というのは少ないと思います。特に保育室などはいろいろな物が置いてあって、どれは保育者のものなのか、どれは子どもが使ってよいのかというのが判然としないことが多いのです。例えば、部屋に置かれたピアノは子どもが弾いてよいのか悪いのかということです。保育者だけが使うということなら、そのルールの下で明確に区別しなければいけません。紙がたくさん置いてあるのは、子どもが勝手に出してきて描くのに使ってよいのか悪いのかということです。そこを分けているやり方は、例えば教材室に置いてあるのは保育者だけが取り出せるのですが、保育室に置かれているのは子どもが全部使ってよいというやり方のところもあります。

ですから、私の主張は、アクセス(接近)可能性をできるだけ保証するとか、あるいは分かりやすくするという意味で、子どもにとってそれが見えるようにするということです。いちいち保育者に許可を求める必要は、できるかぎり減らそうということです。許可を求めなくてはならないものはそういうリストの印が付いているというかたちにしたらよいのではないかと思います。

さらに、接近可能なものについては、そのかかわり方はできるだけ自由にするということです。つまり、特定のやり方でないといけないということは、できるかぎり減らします。とはいえ、できるかぎりというのは微妙なところで、例えば滑り台の例で言えば、上から滑ってきているのに下から登る子がいたらぶつかって危ないとか、滑り台を立って滑るというのはちょっと危険があるとか、そこに段ボールか何か持ち込むと面白いのだけれどもちょっと困るとか、いろいろ微妙な問題が出てきます。

ですから、一定のルールは必要なのですけれども、できるかぎり多様性を確保する必要があるということです。

場として落ち着くようにする

物と場というものが一定の囲われたものにする必要があります。中は閉じた空間です。子どもの遊びというのは一定時間集中しなければかかわりが生まれないわけです。そのときに幼児の場合には比較的少人数のことが多いですけれども、その数名の人数が遊びをしている間にほかの邪魔が入らないという空間構成をする必要があるのです。例えば、教室のような空間で机・椅子を全部取っ払って、真ん中でごっこ遊びをしてよいよというのはやりにくいはずです。たぶん、子どもたちはそういうことはしないでしょう。むしろ机に囲まれた狭い空間の中などなら、やりやすくなります。それは要するに、周りから進入されやすい空間だと落ち着かないわけです。心理的に落ち着かないでしょうし、実際にほかの子がどんどん入ってくるかもしれないので、ほかの子が入りにくいような条件をつくるということです。

そういったことである程度閉じた空間をつくらなくてはいけないのだけれども、同時に、ドアを閉めた小部屋の中でやっていたら、ほかの子とのかかわりようがなくなってしまいます。今度は遊びが開かれなくなります。それは、ほかの子どものかかわりがなくなるということと、ほかの物とのつながりがなくなってくるので、そこで遊びが閉じてしまいます。幼児の力ではそのひとつの遊びを延々と展開し、発展させるのは難しいのです。

幼児の遊びというのは、半ば子どもが計画して実行していくのですが、半ば外からいろいろな物がたまたま入ってくることによって面白くなっていくのです。シャボン玉の例で言えば、その遊びを面白く長くずっとするのはなかなか難しくて、そこで風がたまたま吹くことによってパーッと飛ぶから面白くなります。そういう具合に、ほかの子どもとかほかの要素が入り込むような、半ば開いた要素をつくる必要があります。したがって、囲われた空間というものがある程度閉じて、しかしある程度開くという工夫をするようにします。

それはそれほど実際には難しくないのです。例えば、教室で大人用の机がひとつあるだけで教師の縄張りに自然になります。そうすると、机の反対側に何となく心理的に生徒側は入りにくくなります。庭であれば、ベンチ一個を置くだけで動きが変わるわけです。そうすると、子どもたちはベンチの裏側では表側と違うようにまとまって遊ぶようになります。それぞれ別な遊びが展開できます。こっちではサッカーをするかもしれないけれど、反対側ではまた別なことをするとなって、ここでベンチがあるから、座ってこれを見る場合もあるでしょう。

こういう具合に、物の配置いかんによって、子どもの動きというのはそれに影響されることになって、それぞれ空間が分割されていきます。しかし同時に、たかだかベンチの境目ですから、表側にいる子どもと裏側の子どもの間には十分交渉は成り立つわけです。無視もできるけれど、交渉も成り立つということです。そういう区切り目をいろいろ入れられることになります。

ゾーンに分ける

こういう囲われた空間の考えをさらに発展させると、園の中をいくつかに区切っていくという考えが出てきます。これがゾーニングといわれるものです。ゾーンとは区域ということです。園全体をいくつかに適当に区切るのです。それぞれの区域を特徴づけるような物を配置すると、それぞれが特徴をもった空間になっていくということです。

例えば、木をたくさん植えておくとすれば、木との関係で新しい遊びが生まれます。またブランコだの固定遊具を中心に置けば、そういう物を中心とした遊びが生まれます。こちらでは、トラックといった走れる空間をつくると、リレー遊びをしたりするというようなことです。これはかなり空間が広くないとできないですけれども、でもゾーニングを意識して、例えば狭い庭でもこっちとこっちを分けて、こっちはボール遊びをするけどこっちはごっこ遊びをするとか、ここに砂場を入れることによって空間が区切られて、こっちは比較的座る遊びをして、こっちは動き回る遊びをするというふうに、空間設計をすることができます。

こういう考え方は、大人向けの運動競技場や公園の設計などで発展してきました。そのときに例えば大きな新しい公園などでは、ここは主に運動する場所で、ここには林があってそこの中で遊ぶ、ここに水辺の空間があるというように、大きく区切ってあったりします。例えば、公園などで、真ん中に大きな芝生の広場があって、そこでみんなが集まって遊ぶとか、こっちに池とか水辺があって、そこでも別のタイプの遊びができるようになっています。こっちには落ち葉とか遊び場があるとか、花を鑑賞するとか、こういうふうに大きく区切って、それぞれの特徴ごとによって独自の活動を可能にしていきます。そういう造園の考え、公園設計の考え方があります。こういう公園のスタイルというのはかなり現代的な公園ないし広い空間です。

もう一方で、公園というのはいろいろなタイプのものがあって、大ざっぱに言うと、庭というのは見ることと入ることに分けられます。例えば特に日本の伝統的な庭の場合というのは、基本的に見ることと入るとか歩くことが重なりつつ、組み合わされています。京都などに行っていろいろなお寺のお庭を見るため拝観料を払って入ると、本堂みたいなところがあって、例えば龍安寺だと有名な石庭があります。座って石庭を見ると、その庭を歩きたいとは思うのですが、たぶん怒られるでしょう。石というか砂利のところを、たぶん毎朝きれいにしているのでしょう、模様が付けてあります。銀閣寺もそうです。そういう石庭みたいなところは、たぶん毎朝きれいにしていて、そこに足跡を付けたらとんでもないことで、新聞に出そうな感じがします。

一方で、例えば、伝統的な日本庭園によくあるタイプは、茶室があってそこから見られますし、あるいはベンチに座って見てもよいのですが、基本的に道があってそこを歩いていきながら、目に入ってくる風景を楽しむといった空間になります。ですから、回遊性というのが強い空間です。回遊という言葉は庭の中を動くという意味で使われていますが、この歩くという経験が幼稚園の中でどういう意味をもつかということは重要な問題で、後の章で扱います。

ゾーニングの公園というのは基本的に回遊性ではないわけです。野球をやりたい人はここに行って、水で遊びたい人はここに行って、みんなで集まってお弁当を食べたいときにはここに行きましょうと、機能ごとに分けてあります。ある程度広いところは区域を分けていくのだけれども、同時に、特に小さい子どもはこの中を動き回ることによってさまざまなものを経験するのと、動き回ることによってこっちの要素をこっちにもってくるというつなぎをつくるわけです。ですから、ゾーニングの設計とともに回遊の設計との関係というのを考える必要性があります。

伝統的な庭の発想に学ぶ

そういった点で、日本の伝統的な庭とか西洋の庭とかに学ぶ必要があるでしょう。そもそも庭園というものを考えたときに、幼稚園はキンダーガーデンで、Garten（ガルテン）はドイツ語ですけれど庭です。日本語で幼稚園の園は庭のことです。ですから、もともと子どものための庭なのです。もちろんそこで言っているガルテンはもっと広い意味で、具体的には庭を必ずしも考えていません。

幼稚園の庭というのは日本庭園とかいった公園的な発想とともに、小学校などのグラウンドという発想とが混じっています。例えば、多くの小学校の校庭はただ四角い庭で、端っこにいろいろな物が備えられていますけれど、要するにトラックが引かれているグラウンドです。その空間に基本的に何もないものなのです。もちろん、低学年用に滑り台とかブランコとか多少あるけれども、それは端にあるだけで、真ん中は空いた空間です。近代的なグラウンドというものは、たぶん近代スポーツの発生とともにできたものです。近代スポーツと軍事演習から来ているのだと思うのです。行進しなくてはいけないので、その練習をするために平らな空間が必要だったのでしょう。平らなだけではなくて、もちろん軍事演習というのはでこぼこの山道も行かなくてはなりません。近代スポーツというものは、最初は軍隊との関係で生まれたのでしょうけれど、とにかく近代スポーツの発祥とともに平らな空間になるわけです。近代スポーツというのは基本的には記録するということと密着していますし、正規のかたちで行うものなのです。例えば、あのトラックの楕円みたいなかたちは規定によって決まっています。それ以外でやると、例えば、その記録は参考記録にはなっても正規の記録とは認められません。厳密にスタート地点とゴールを決めて測定するわけです。

そのように、近代スポーツというのはすべて同じ条件にそろえた上で行うということになります。それともうひとつの特徴は、特定のスポーツとか特定の運動をするということが明確です。走るなら走るということをします。サッカーだったらサッカーはルールに基づいた正規のサッカーをします。それに対して幼児がする遊び、例えば鬼ごっことかかくれんぼとかを考えてみるとずいぶん面白さの種類が異なります。例えば、鬼ごっこを小学校のグラウンドでやったら、本当につまらないでしょう。あんなところでやったら足の速い子がただ勝ってしまいます。ところが、いろいろな物があるところでやると、必ずしも足の速い子が勝つとは限らないのです。隠れたり逃げたり、いろいろ物があって追いかけると、足が速くても障害物が多すぎてスピードが出せません。ましてかくれんぼなんか、もっとそうです。グラウンドで隠れろと言われたら隠れるところがないですから、どうしようもないでしょう。鬼ごっこというのはふつうの鬼ごっこもあるし、高鬼とか何とか鬼、たくさんのバリエーションがあって、いろいろな物を使うことになります。いろんな物が使えるということは、単なる真っ平らな空間ではないから可能なことです。

つまり、子どもの場合には、幼児にとっての庭というのは見ること、入ること、入って歩くことだけではなくて、そこで活動するわけです。遊ぶためには一定の平らな空間は必要なのだけれど、同時にそこに遊ぶための対象なり道具なりという物がさまざまに配置されていなければ面白くありません。

ですから、小学校の体育のための空間をそのままもってきたらよいわけではないのです。例えば小学校にある砂場というのは、最近は生活科で砂場を使って砂場遊びをしたりすることもあるし、理科の実験で使うこともなくはないけれど、本来は走ってきて跳んだときの走り幅跳びの着地の場として造られているわけです。幼稚園の場合はそういう使い方ではなくて、砂場というのは砂場遊びをするための場ですから全然違うわけです。小学校の場合には砂である理由は別になくて、要するに跳んで着地したときに足元がクッションの役割をするのと、もうひとつは記録を取りやすくするために砂場があるのです。ですから、そういうものと、そこにある物を使って遊ぶ空間というものが、見た目は似たように見えるかもしれないけれど全然違うものだということが分かると思います。

園環境における動きの線

今のような原則は部屋の中でも当てはまるわけです。ひとつの部屋があったときに、この中にピアノが置いてあるとか、机があるとか、コーナーがごっこ遊びの場になっているとか、そこについたてふうの物が置かれ、その中で数名で遊べるようにして、出入りができるというかたちのコーナーをつくることはよくあることです。ここでは作業ができる、ここでは絵を描くとかで、絵を描く道具がそばにワゴンか何かで置いてあるといったやり方も多いでしょう。部屋の中もいくつかの区切り目を入れながら、それぞれでできる活動をします。と同時に、それが互いに行き来できるような関係をつくるということです。

こういう具合に、園の環境デザインというのは、子どもたちに出会わせたいものがあって、それを置いておきます。もっとも、例えば、自然環境としての風などは、厳密に言うと置いてあるのではなくて、たまたま入ってくるわけですが、でも、入りやすいように設計はできます。あるいは、昆虫に出会わせるというときには、昆虫を飼って放してもよいでしょうが、草むらとか何かあれば昆虫は自然に生まれてくるわけです。そういうことも含めて配置します。そして、それに子どもたちが出会って、かかわっていくわけです。そのときに、そのものを知るということは、そのものについて「こういうものだよ」と決めた情報を教えてもらうのではなくて、それに対してさまざまなかかわりを可能にするようなことを保証していくわけです。また、そのものとほかのもののつながりを経験できるように、その間が移動可能にしておきます。または、子どもたちが遊びに集中できるような閉じた空間と、他と交流するような開かれた境界、両方を両立させるようなゾーニングのあり方というものを考えていったらどうだろうかと思います。

こう考えてみると、実は幼稚園教育要領解説では動線のつくり方と書いていたと思うのですけれど、子どもの動き方というものが幼稚園の空間の中でいろいろと線が引かれていくはずです。そうすると、この動線というものが幼稚園空間のあらゆるところで縦横に引かれていくわけです。ひとりの子どもをとってみると、その子はいつも部屋の特定のところにいるだけではなくて、その子の動きというのを今週、来週、再来週という中でどんどん広げていって、この子が集中的にあるところにいたり、また別なところに行ったり、ぐるっと回っていくとか、室内にもいるし庭にもいるしというような動きをしていきます。また、動線の絡み合いも起こります。ひとりの子の動きと別の子の動きがぶつかって、接触が起きて、一緒に遊ぶとか、情報交換するとか、物を受け渡すとかということが出てきます。

ですから、動線をどのようにつくっていくかというときに、子どもに動きを事細かく指示もできないので、物の配置によって子どもの動きを誘導していくわけです。それによって、子どもがいろいろなところに動きながら、そこでさまざまなものに出会って経験するということをデザインしよう考えているわけです。

部屋の中と外をつなぐ

これまでの議論の応用編を少し考えてみます。保育室の中と外の庭をどうつなぐかというのはなかなか難しい問題です。ひとつの工夫が間に空間を造ることです。ベランダというのかを入れるわけです。日本の縁側の発想にも似ています。そうすると、部屋の中で遊んでいる子と外で遊んでいる子が今いるというときに、この間のやりとりが出てくるわけです。特にそのベランダで遊べるようにすると、より両方の子がここにかかわっていくということで、結構移動が可能になっていくということです。

そこでちょっとややこしいのは、日本の場合には基本的に上履き、外履きという区別をします。これをどうするかという問題があります。

いろいろな園でさまざまなやり方があります。例えば入り口をひとつにして、そこから出入りするやり方があります。部屋ごとに出入り可能にする方式もあります。朝は、玄関の方から入ってきて、そこで履き替えるのだけれども、それと別に外履き用のものが、部屋から庭に出るところに用意してあり、直接庭に出て、履き替えるようにします。そもそも外履きをやめるという手もあります。芝生化されている幼稚園や小学校は全国にいくつかあるのだけれども、そういうところは基本的に上履きのままで外に出てよいのです。そうすると便利なのは、履き替える手間がなくなりますから、素早く出られるということと、どこから出てもよいということになります。短い休み時間でもすぐ出入りできるというのと、わりと行き来が簡単になって遊びが展開しやすくなるというよさがあります。もちろん足もとが弾力があり、怪我をしにくくなるようです。ただ、外履きで部屋の中に入るかというと、日本人の感覚でいうと抵抗があります。土の庭だとすると、部屋が汚れるので困るということがあります。日本人はたとえ木の床でもわりとそこに座りますが、そういうときに外履きのままだと抵抗感があります。ということで、やはり上履きと外履きを分ける習慣をなかなか変えにくいわけです。

こういう「中間空間」についてどうしていくかというのは、環境のデザイン上、大事な問題です。もちろんひとつの問題は、雨が降っているときはどうしても濡れるということです。それで危なくなるのと、木だったら腐ったりしますから、屋根を外に向けて突き出させたいわけです。完全に閉じると、実は建築基準法上問題だそうですが。閉じた空間は部屋なのですが、屋根は出ていますがこれは部屋ではなくて外廊下なのです。ある園では、ビニールみたいなもので、雨とか何か必要があるときはカーテンのようにばさっと降ろしてサンルームふうにしていました。天気がよいと開けるという工夫です。日本は雨が多いですから、雨の対応はなかなか難しいところです。いずれにしても、部屋の中と外をどうつないでいくかとか、どう移動可能にしていくかということは、結構大事な問題になると思います。

園と小学校の空間デザインの発想の違い

小学校の場合に、例えばドッジボールをするとかサッカーをするというときに、ドッジボールではチョークの粉のようなものでぐっと線を引いてそのつどやります。こういう遊びというのは、だいたい小学校の特に三年、四年以降が中心だと思うのですが、正規のスポーツとしてやった方が子どもにとって頑張り甲斐があり、面白いのです。そこに余分な物があると、特に小学校高学年ぐらいになると邪魔くさいわけです。ですから、例えば、真ん中に木か何かあって野球をしていると、いちいちそこでぶつかって、ちゃんとできなくて、要らないとなると思います。ところが、幼児だったら平気なのです。それを使って何か工夫すればよいわけです。幼児の場合には場に依存しているし、その場の特徴を生かしながら遊ぶわけです。けれども小学校の、特に一〇歳ぐらいから後では、何もない空間の場を自分たちの力で見えないルールの支配するところに変えて遊ぶわけで、そこにひとつは違いがあります。

もうひとつは、記録というものを同じ条件にして競いたいわけです。そういう意味では、空間というものをできる限り均質なつくり方にするようにします。今目の前のことで遊ぶだけではなくて、それをある普遍的なところにつなぐという発想が出てくるわけです。一〇〇メートル走るというのは、単に友だち同士競争しているわけではなくて、世界記録というと大げさですが、それに向けて記録しているところがあります。野球をしていれば、やはり野球はメジャーリーグとつなぐような意味でやっています。

では、すべてのスポーツがすっきりそうなっているかというと、必ずしもそうではないのです。例えば、典型的にはゴルフだと思うのですが、ゴルフはすごく場に依存するのです。つまり、どのゴルフ場でやるかによって記録が変わります。ですから、ゴルフに世界記録というものは存在してないわけです。どのゴルフ場でいくつの記録を出したかです。野球は厳密に言うと微妙にできていて、甲子園球場と後楽園球場では広さが違います。ですから、ホームランと言っても、厳密に言うと、狭い球場でいつも戦っている方がホームランが増えるわけです。ですから、厳密に同じではありません。そういう厳密さを欠いたスポーツは、例えばスキーの滑降もそうです。スキー場によって傾斜なども多少異なるようですし、天候や滑る順番によって有利・不利が変わるそうです。ですから、運・不運がつきまとうのですが、一〇〇メートル競走などはそういうことはないわけです。

水泳も室内の水泳場だから厳格です。海の中での大会はありません。マラソンなどは、暑いか寒いかによって、勝つ選手が変わります。また、平らなコースもあるのですけれど、結構アップダウンがあるコースもあります。ですから、そういう条件が変わるものは世界記録とは呼べなくて、マラソンの場合には世界最高記録とか呼び方を変えています。けれども、基本的には近代スポーツは同じ条件でやるということなのです。上述のスポーツだって、同じ大会の優勝を決める競争では、できるかぎり同じ条件にするように努力しています。

話を戻すと、その場が物理的な意味でのその場がどういうものか、そのかかわり方によって、基本的に幼児というのは規定されるのではないでしょうか。第1章で述べたように、対象とのかかわりが遊びなのだということとの発展としてとらえることができます。

狭い園の環境の中の工夫とは

多くの園では実はひとつの部屋の中で園の生活のほとんどすべてを過ごしています。自由に遊んだり、一斉の活動をしたり、その後はそのときまで使っていた物を片付けて、給食を食べ、それが終わったらまたテーブルを片付けて、布団を敷いて昼寝をして、その後まだ残っている保育がある子はまた布団を片付けて、また何かを出してきてという具合です。ひとつの部屋ですべてまかなわれてしまうことで、物もすべてそのたびに出したりしまったりして、遊びも分断されている場合が少なくありません。

ひとつの問題は、特に保育所の設置基準というのがかなり貧しいわけです。例えば、庭というのは保育所の場合には必須ではないので、園庭があることが望ましいのだけれども、近所に公園があればそれでもよいとなっています。そうすると、隣りが広い公園で自由に遊べるというならそれでよいようなものですけれど、なかなかそうもいかない場合に、子どもの活動はかなり制約されるということがあると思うのです。また、一日の生活全体で考えたときに、遊ぶ空間と寝る空間と食べる空間は、本来分けた方がよいわけです。これは清潔さということもありますが、同時に遊びを再開したいときにいちいち片付けていたら遊びが持続しません。

ただ、庭があり、部屋がいくつもあっても、それを活かしていないところもあるようです。つまり、子どもがそこに置かれたさまざまな物で遊ぶという考え方が、そんなに当たり前ではないのです。現場でも研究者でも十分に共有されているわけではありません。そこを変えていく必要があるのではないかと思います。例えば、物を作っていくときに、最近よく小学校などでオープンスペースにして「ワークスペース」という場を教室の隣あたりに作ったり、教室を広げてそういったスペースを含めていったりします。段ボールとかいろんな物で大きな制作活動をしたとして、その日では終わらないから、もうちょっと続けたいとします。余分な物を置いておく空間というのは、幼稚園も保育園も非常に少ないですから部屋の隅っこに置いておきます。幼稚園は昼寝しないから置いておいてもよいのだけれど、どんどん広がってくると、例えば劇で大道具を造っていろいろ置いたら、使える空間が部屋の半分くらいになったりします。ですから保育所では、昼寝の空間に邪魔になるので、ホールか何かでやるわけですけれども、そういうワークスペースなどはかなり広がっていれば、ずいぶん使い勝手はよいと思います。

建て替えが増えてきています。そんな折りにここで論じているような考え方を活かせないかと思います。同時に、全面的には無理であっても、多少生かすことはできるのではないでしょうか。既存の建物の空間の中でやれることはゼロではないのです。庭の端の方にベンチを置くだけでも庭の中の子どもの動きが変わります。例えば、園で五歳の男の子たちがサッカーをやっていると、年少の子どもは怖い感じがして庭に出られなくなってしまうのです。そういうときに、間にベンチなどを入れたりすると、ベンチを間に挟んだ空間に小さい年齢の子どもが集まるようになります。多少年齢ごとのゾーニングっぽくするわけです。けれども、全然分けるわけではありません。交流も可能にします。

こういったことはすぐにできます。部屋と庭をつなぐ出入り空間にしても、多少の補助金があれば、ベランダを張り出すとかもできるわけです。必要があると思っていれば、何かの機会にちょっとした改造というのはできなくはないでしょう。ですから、まずは基本原則を十分把握しておく必要があります。

第3章——園における音環境と表現

園における音環境の問題を扱います。これは通常の保育内容でいうと表現という領域で、音楽のことを指しているわけです。通常、音楽というと小中学校の教科の音楽を思い浮かべるでしょうが、そうすると歌うこととか楽器の演奏とかを指導するということになります。幼稚園や保育園で音楽の時間をつくっているわけではありませんが、先生がピアノを弾いて子どもたちが歌うとか、子どもたちが適当な楽器を使って遊ぶとか、そういうことはよくあります。そういった音楽の指導をどうしていくかということが、保育にとって重要なわけです。また改善の余地もたくさんあるのですが、それ以前の問題として子どもにとっての音楽とは何かということがやはり問われなければいけません。さらにその元には子どもにとって音とは何かということを問うべきではないかと思います。そういう問いかけがなされることがあまりないので音環境という考えを引き合いに出したいわけです。

音環境というとらえ方

音環境という考えはもともとサウンドスケープという英語で、かなり広まってきました（シェーファー、二〇〇六）。サウンドスケープというときのスケープは、例えばランドスケープといえば風景のことですから、サウンドスケープというのは「音の風景」ということになります。サウンドスケープの教育も進められてきて、耳を澄まして遠くの音を聞くとか、小鳥の声を聞くとか、そういった試みがいろいろ出てきています。それをさらに拡張していきたいわけです。

そのときにいくつかの視点があり得るのですが、特に子どもにとっての音環境を考えたときに、大ざっぱに言うと三種類の音があると思います。それはいわゆる物理的な意味でいう普通の音と、音楽、そして人間の声などがありますが、これらはまったく同一次元に並ぶわけではないと思います。人間の脳の処理を考えたときも、音楽と声の類は重なっているけれども少し違うらしいのです。ですから、それぞれ別に分析する必要があるのですが、当然ながら音楽は音から成っているわけですし、声による発声は声そのものが基でしょうし、声で歌を歌えば音楽でしょうし、声で意思伝達をすると言葉・音声言語になるわけです。ですから、それぞれ独立しつつ重なりあっています。こういうものを園の環境の問題としてとらえたらどうなるかを検討します。

音を分析する

私が一番興味を持っているのは音の問題で、それを三つに分類できないかと考えています。「届く音」、「包む音」、「返る音」というように分けてみてはどうでしょうか。もちろん、同じ音なので、それらは重なり合う動きであり、働きではありますが、どうやらこの三つは相当違うのではないかと思います。心理的に違うだけでなく、物理的に、つまり音響学的に性質が違います。

「届く音」というのは、私が声を発すれば聞き手に声が届くはずですから、A地点からB地点に進むというのがひとつの音の特性としてあります。ボールのように届くわけですが、声に限らず、拍手をすればその音がそばにいる人に届きます。ですから、これはある地点から別の地点に進むという性質を持っています。

「返る音」というのは何かというと、こちらがアクションを起こしたときに、相手側から音が出てくるということがあります。手で黒板をたたいたときに、これは手が音を出したとも言えますが、手が黒板をぶつことによって黒板から音がはね返ってくるという面もあります。手を叩いて右手が音を出したか左手が音を出したかというのは禅の公案にある話で、叩いて私の手が音を出したのか、黒板が音を出したのかよく分かりませんが、いずれにしてもこちらが何か働きかけたときに音が返ってくるということになります。

それに対して、池に石を投げると、池にそれによる波が広がっていき、波紋が生まれます。音が片方から先の方に行くということは「届く」ということですが、実は波というのは同心円で広がっていきます。先に届いて、返ってくることが先ほどの「返る」ということです。しかし、実際に激しく波をポーンとやると、これが一個所から返ってくるわけではなくて、いろいろなところからの反響が戻ってきて、全体が波立つわけです。音というのは空気の振動ですから、当然一人の声は聞き手にじかに届いているけれども、同時に壁から反響して返ってきています。かつ、話し手の声は、おそらく部屋の中の至るところに反響して、この部屋をいわば埋め尽くしています。これは比喩ではなくて、文字通りです。つまり、いま声を出します。そうすると、部屋の中にいる一人ひとりに声が聞こえています。ということは、私の声の波というものは、空気の振動としてあちらこちらに行き、部屋の全部に行っているでしょう。仮に誰かが天井ぐらいにふいと浮いたとしても、その人に多分聞こえます。ということは、私の声はこの部屋中の空気を振動させているわけです。

「音が返ってくる」ということは、私の声が壁に向かって進み、壁がわずかながらでも振動して返してくるということです。カーテンみたいなもので包むと反響が鈍くなるのですが、それはカーテンのような柔らかいものは振動しにくいので、音が返ってこないわけです。至るところで声が聞こえているということは、声が返ってきているからです。そうすると、実は聞き手は私の声によって包まれているということになります。聞き手からは多分私の声は私の口から出ているように聞こえると思います。しかし、私の声は実はこの壁を反射しつつ行ったり、向こうの壁から戻ってきたりしているのです。部屋が狭いと、そのタイムラグというのは、音が一秒に三〇〇メートル以上進むので、壁に反射して返ってくるのは〇・一秒よりもっと短いから、われわれの耳はそれを感じないけれど、わずかながらあるはずです。もっと広い大学の講堂でマイクを使わずに声を出せば、多分向こうの反響から戻ってくる感じが少し出てくるはずです。それが至るところから来れば、全体として声に包まれるはずです。それは「包む」ということになるわけです。

音というのが空気の振動であるということと、それから、物が振動することによって空気の振動が起こるわけです。声というのは声帯が震えて、それから口と鼻のところで音を拡大しています。拡大しているということは、小さな振動を空気の振動に大きく変えて、外に出しています。ですから、音がするということは、最初に物が震えて、その物の震えが空気の振動となっていくことです。物は普通に震えるのですが、空気の方はすぐには震えません。小学校の理科の実験を思い出してほしいのですが、空気の方はボンと押したときには疎密波になるので、空気は若干移動しますが、空気の固まりが聞き手に来るわけではなくて、空気はあまり動かずにその場で振動します。空気の分子の集まりが声によって厚い・薄いができて、それが波として聞き手に届くのです。それが今度は鼓膜の振動になって、鼓膜が実際に揺れて、それを次には聴覚神経に神経伝導として伝えるというようになります。

ですから、音というのは簡単に言えば振動なのです。振動には何種類かの材質による震え方の違いがありますが、基本的にはそうです。

振動のしかたというのは、声・音の出し方によって方向性があります。これも物理的な波の特徴ですが、物理的な波というのは比較的方向性を持ったものと、池のポシャッというのも、真上から落とすと普通方向性がなくて同心円として膨らんでいきますが、斜めから落とすと多少方向性があって、片方から投げ入れれば、その先側が強くなります。スピーカーなども通常方向性があって、スピーカーの作り方により非常に指向性が強いものと弱いものがあります。音の出口の部分が広がっているのか、筒のようなものにして、音を出して空気を震わせて、筒の先端から出すようにすると、かなり指向性が強くなります。ですから、ある種の作り方をすれば、ここで話していることがすぐそばには聞こえないけれども、向こうには聞こえるといった作り方だってできるわけです。そのように指向性を持っているので「届く」ということが実現するのですが、そこに必ず「戻り」があります。同時に、指向性が弱くなればなるほど、全体として反響してそれが重なってくるので、全体として音に包まれる感じが出てくるのです。

そう考えてみると、音の音響学的な特徴としてこの三つは区別できるわけだし、この三つの区別は現実のわれわれの経験としても区別ができるわけです。つまり、「届く音」というのは、どこから来たかということがわれわれにとって極めて明瞭に聞こえます。「包む音」というのはどこから来たか分からないけれども、全体として聞こえます。

建物の中の音の響き

この区別というのは音楽会でよく分かると思います。コンサートホールに行くと、よくできたところは音がうまく響いて、聴衆にくるようにできています。ですから、音源を特定するようなつくり方なのです。つまり、通常のステレオ装置などもそうなのだけれど、ステレオによってその音があたかもそこから聞こえるかのように来ます。けれどもそうではないつくり方があって、それはサラウンド方式といって、その場合には音が部屋全体から聞こえるようにつくってあります。そうすると、自分はあたかもオーケストラの真ん中で聞いているような感じになります。ヨーロッパの古い大きな教会などですと、天井が高くなっていて、その下のところに説教する場所があるわけです。そうすると、聖歌隊の人たちは、その横とか、あるいは後ろとかに来ます。教会の二階に合唱する場があったりします。この音というのは、そこからもちろん聞こえてくるわけですけれども、しかし同時に音が広がって、特に天井から降り注ぎ、参加者を包み込むような感じがします。それは東京のコンサート会場とか、あるいは教会・大聖堂などでも残響時間というのが設計されていて、要するに○・何秒か音が残るわけです。残響時間というのは演奏場所から聴衆にじかに聞こえるのは数十メートルですからパッと○・一秒もないぐらいでくるわけですが、一度反響してくれれば、特に非常に大きな建物だと、これが○・三秒ぐらいになってずれてきます。その音のずれのことを残響というわけです。ですから、非常に残響時間が長くつくってあるホールもあるし、比較的短くつくってあるホールもあって、それは音楽の目的によって違います。

いろいろなミサ曲は教会の音楽です。特に古典のバッハとかモーツァルトとかのミサ曲は残響時間が長めに計算されて作ってあるそうです。それはどうしてかというと、バッハの曲なりモーツァルトの曲がもともと演奏された教会の残響時間が比較的長いので、それに合わせてあるわけです。逆に言うと、残響時間が長い場合には、○・何秒だとすると、次のメロディーがすぐ入ってきて重なってしまいます。ですから、わりと引き延ばすわけです。正確に言うと、声を引き延ばしてしまうと残響と重なるので、例えば声は短くして、要するにフェルマータ（𝄐）を付けるのですが、残響部分で声が聞き手には聞こえているのですが、歌う側とか演奏する側はわりと細かく切るという技術があります。そういう曲を小さいコンサート会場で弾く際に、同じやり方で弾いてしまうと、残響が短いから同じ曲に聞こえなくなるのです。ですから、歌う技法や演奏の技法が違うのだということらしいのです。

そのように残響時間が長いということは音楽にとって特に大事なのですけれど、それは音楽が音の重なりを利用しているからです。一つの音が来たときにその次の音が出てきて、それが次々に重なっていくように作ってあるわけです。おそらく和音とレガートといったことのもっと基底にある音のあり方のことです。

ドレミという音が出る自動オルガンやオルゴールみたいなものだと、一応音楽には聞こえるのですけれども、オルゴールの音というのは一定間隔で連なっています。一つの音が出て、次が出てというふうに、一個一個がぱらぱらっとしています。その素朴さもあるのだけれども、音楽としてはやはり不十分で、その一つの理由は音の重なりが調整されていないからです。

では、そういう残響が豊かにあるところで、例えば講義をしたらどうなるかというと、実はすごくやりにくいのです。反響がよいところでやると、しゃべるたびに戻ってきます。いつも○点何秒かで自分の声が戻ってきてしまうので、講演をすると声が重なり話しにくくなります。すごく広い空間に向かって話すときなどもこだまが返ってくるような感じが常にあって、何ともいえずやりにくいのです。

逆に言えば、言葉というものは、例えば「包む」というなら「つ・つ・む」と、「つ」と「つ」と「む」がもちろんつながっているのだけれども、基本的には包むという単語としてまとまっていて、前後とは離れるわけです。それが、「包む」と言ったときにそれがわんわんわんとなって次の音と重なってくると、言葉として明瞭さを失ってきますから、意味の理解が難しくなってきます。つまり、講義とか講演というよりは何かお経か声明を聞いているようになります。わーんわーんわーんというような感じにだんだん聞こえてくるわけです。それは音楽として聞けば心地よい部分はあるのだけれども、明瞭さを失って意味的な理解が難しくなります。

届く音の経験

それぞれの音の経験というものを小さい時期からさせるということは大事なのではないかと思います。実際に幼稚園とか小学校など、どこでもそうなのだけれども、こういったことについての意識が少ないように思えます。通常の音とか声というものは、ほとんど「届く」というものとしては考えられていると思いますけども、それは要するに、「私」は「あなた」に語りかけるというようなことです。でも、それ自体もちょっと弱いところはあるかもしれません。例えば、演出家の竹内敏晴さんという人がいますが、そのレッスンのひとつに声を出すというものがあります（竹内、一九八八）。そのときには基本的に声を届かせるということをやります。昔、ちょっとだけレッスンを受けただけで、あまり分かっておりませんが、例えば何人か向こうを向いていて、こちらから特定の人に向けて声を出します。「おい」とか呼び掛けると、そのとき、向こうに一〇人ぐらいいるとすると、そのうち自分に呼び掛けられたと思う人が手を挙げるという、例えばそういうことをします。そうすると、最初非常に驚くのは、「おい」と呼んでも誰も手を挙げないとか、みんなが手を挙げるとか、なかなか思うようにいかないのです。でも、そのレッスンを重ねるうちに、この人にというときに、その人に声がいくようになります。ですから、実は「届く」とか「届かせられる」、自分に「届いている」、相手に「届く」ということを、声としてまた音として行為し経験すること自体はあまりやっていないのです。

では、どうしてわれわれはコミュニケーションが成り立っているかというと、人間は圧倒的に視覚的動物だからなのです。文明社会は視覚的内容が非常に強くなっているといえます。誰かから話しかけられた時、目と目が合うことによって「あ、この人は私に話しかけた」と思うのであって、多分声を実際に聞いて、私に語りかけてくれているというふうにはっきり感じているとは限らないのです。典型的にはアニメです。映画の吹き替えなどもそうですが、アニメで人物が何名か出てきたときに誰がしゃべっているか。アニメの作り方というのはよほどていねいに作っているのは別ですけれど、通常は適当に口がぱぱぱっと動きます。適当に口が動いたときに声が出ていけば、その声はその口が動いた人のものであると、われわれは自動的に認識するらしいのです。あんまり混乱しません。けれども、例えば口の形と言葉はほとんど合っていませんし、ずれた瞬間に非常に混乱するわけです。いっこく堂という芸人の方の口まねは高度なものですが、要するに、口を開くのと声が出るのをずらすわけです。あれがわれわれにとって奇妙に感じられるのは、われわれはいかに視覚的情報によって判断しているかということです。そう考えてみると、我々は普段あまりきちんと聞いていないのではないかという気がします。ですから、「届く」という関係をどういうふうに経験するかということは、一つの課題としてあるのではないでしょうか。

包む音の経験

次に、「包む」という経験は子どもにとってあり得るかということです。例えば大音響のステレオやライブハウスなどだとまさに音に包まれた感じになります。わーんと騒然とした感じです。教会とかコンサートホールとかはまさにそのような意味での音楽的な場です。小さい子どもにとっての経験としてみたときに、音に包まれるということはほとんどないでしょう。もちろん、乳児に対して母親が子守歌を穏やかな声を出して歌うのは、優しい感じがします。語りかけるというのはある程度の方向性を持った強さを持っています。子守歌みたいなものはおそらく相手の乳児を包み込むような広がりを与えようとするのではないでしょうか。音もそう大きくないので、レーザービームのようなものよりはもうちょっと多分広がりを持っていて、それが赤ちゃんを包むのではないかと思います。声というのは相手を包み得るのです。もちろん、これは組み合わせられます。相手に届かせながらある程度包むというふうに重なっていきます。音源がなくなるということではないでしょうが、その上で包むという感じが強くなります。

典型的に包むという感覚というのは、空間の中に音が充満したときに起こるものだろうと思うのです。そうだとすると、そういうような空間の中で経験が生じなければいけないわけです。つまりひとつはそういう空間がどの程度実際にあるかということです。もうひとつはそこで充満するような音の経験を可能にするような音を実際に出しているかという問題があります。もちろん、騒然とした音というのはよくあります。部屋の空間の中で子どもが何人かいてキャーっと走り回っているとするでしょう。そうすると、走り回ってもちろんうるさく感じるということもあるだろうし、子どものキーキー声がうるさいということもあるのですが、その子どもの声が多分反響するのです。びんびんと響くような突き刺すような感じになります。そういう意味では、相当うるさくなります。うるさいけれども、ある意味では包まれているようなものです。その包まれるということが心地よさとして経験されながら、なるほど音が充満したものとしてあるというようにどこまでなっていくのかということです。

それは視点を変えて言えば、自分の音の感覚というものを四方八方に広げていくことです。つまり、われわれの聞くという経験を考えると、向こうから何かが来るときに、そこに注意を向けます。それに対して、包まれているときには、自分の音の感覚を広げるわけです。ですから、音楽会みたいなところで、ピアノ独奏の場合にはそちらに注意を向けると思いますけれど、特にオーケストラみたいなものだとそこに注意を向けるというよりは音楽がホールに広がる全体を聞く経験が強くなってきます。自分の音感覚としたら、こちらの耳を一八〇度広げるような感じが出てくると思います。教会にいる場合ならもっとそれが広がるわけです。横に広がるだけではなくて上から音が降ってきますから、三六〇度というか立体的な感じになるわけです。そういうこちらの感性の開き方というものと連動して包まれていくのだと思います。

今言っている「包む」というのは、比較的にひとつの音楽として聞いていくことなのだけれども、今のように感性を広げていくということでみていくと、自分の聞こえる感覚を三六〇度、四方八方に開きます。ところが、私たちは、特に大人としては、現代文明では圧倒的に届く音に慣れているのです。ですから、相手の言うことに注意を集中してそれを聞き取るということをやっています。学校教育というのはそういうものです。「ちゃんと先生の言うことを聞きなさい」「友達の発表を聞きなさい」とずっと言われています。それはそれで集中力を養ってよいのですが、「包む」とか「包まれる」とか、自分の感覚を三六〇度に広げるということについては、むしろシャットアウトする訓練をします。

今いるところで自分の感覚を三六〇度に広げて聞くと、遠くの音が聞こえてきます。廊下を誰かが歩いているとか、遠くから自動車の音が聞こえるとか、さまざまな音が聞こえてきます。例えば外の木立に行けば、木の葉がさやさやと風で揺れる音だとか、小鳥の声だとか、遠くで歓声がするとか、いろいろなものがあっちこっちから聞こえてくるわけです。そういうものも含めて「包む」ということを考えてみると、私たちの感覚を局所化するのではなくて全体に広げて、特に受け身のかたちで広げていくような経験としてこういうものはあるはずです。そういうことをどこまでわれわれはやっているのでしょうか。

もちろん、それほど意識しなくても何となく感じてはいるのだと思います。自動車とか何かの騒音がうるさいと、作業の邪魔になるとか、何か感じるわけです。けれどもわれわれはとにかく集中するという訓練を受けてきていますから、例えば廊下で音がしてもほとんど気付いてない、あるいは気付かないふりをしています。ですから、小学校の教室で思い浮かべれば、外で石焼き芋だとか何とか声が聞こえたときにひょいと見ると駄目なわけで、「こら、外を見るな。ちゃんと聞きなさい」と、そういう訓練を何年とやらされているわけです。ですから、当然集中するわけです。それは決して「届く」音の経験として悪いことではないのですが、一方で「包む」という音の経験というものがどこまでうまく動いているかということです。「それは音楽会で経験します」といえば、そうなのだけれども、子どもの経験としてどこまでそれがあるのかということです。

返る音の経験

三番目に、「返る」ということで言うと、これも非常に鋭い人もいるけれども、あまり大人として意識してないと思います。例えば、石畳の上を歩くと靴音がします。歩くときのこの音は、当然床の材質によって変わります。木とコンクリートでは違いますし、靴によっても違います。床が大理石だと歩くといつも気持ちよいと感じると思うのです。大理石だから見た目もきれいですが、それだけではなく、歩いたときの感触や、触るとすべすべして多分気持ちよいのでしょう。触るわけではないにしても、歩いていても何となく気持ちよさがあります。それは、音感覚も関係しているのではないでしょうか。ある種の心地よい音が返ってきているのだろうと思うのです。

そこでは基本的には、ひとつは材質のある種の硬さ、密度が重要です。もうひとつは材質の厚さです。厚さというのはどこで分かるかというと、例えば、中が空洞の壁をたたいてみると音で分かるだろうと思います。薄いベニヤで間が空いている空洞だって感じるでしょう。それに対して空洞ではない多少の厚みがあるものを区別できます。いろいろな石畳があるときに試して歩いてみると結構厚さが分かるのです。何となくこれは薄いスレートみたいな感じのときと、わりと厚手の石だなと感じることがあります。これはヨーロッパの道を歩くと、さすがに石の世界だからもっとよく分かりますけれども、東京もいろいろな石畳があります。アスファルトというのはあまり響きがよくないわけです。

返る音というときのいちばん基本になるのは、何といっても歩く音だと思います。これはどうしても音を出さざるを得ないからです。いかに畳の上をしずしずと歩いても、完全に無音ということはあり得ないので、多少の音がします。その上で触れば当然音がします。そういう経験があって、例えば、陶器の茶碗を持つとそこでなにがしか感触が違うし、重みが違うし、手触りが違うのだけれども、同時にわずかながら音がします。それをほとんど自覚しないでしょうけれども、多分聞いているわけです。こういうことは、むしろ昔の方がよく分かっていたかもしれません。

庭園の設計から学ぶ

日本庭園というものが伝統的にあります（小野、二〇〇九）。大ざっぱに言うと日本庭園には見る庭園と歩く庭園とがあります。これはそういう設計思想が違うのです。例えば京都の龍安寺の石庭みたいなのは見る庭園です。砂利に竹箒《たけぼうき》で波を描いたところを歩き回るわけにはいきません。あそこに入って歩きたいと思っても許されません。あそこに自分の足跡を付けたら気持ちよいと思うのですが。

あれは、見るためにあって、かつ土塀があって向こう側に景色がありますが、その借景は特定の場所から見るというようになっています。

一方で、歩くための公園というのがあります。江戸時代に設計された名庭園とされているものの多くは歩く経験をするように設計されています。道がちゃんとしつらえてあって、その道を全部歩いてみると分かるのですが、けっこう起伏があったり曲がりくねりがあります。その種の庭を移動すると一周をゆったり歩く中で豊かな経験を与えるようにできています。その三〇分なり一時間なり移動する中で多様な経験をするようにつくってあります。

それは、ひとつは視覚的な変化です。日本庭園というのはある広さのところに無意味と思えるほどに曲がりくねっています。すぐそこに行くのに大きく回っていったりします。途中に山みたいなのがあって、登ったりすると思いがけないところに出てきたりして、急に景色が開けるといったようにしています。そういったことは視覚的な変化をつけているわけです。

もうひとつ気付くのは、足元がけっこう変えてあるということです。土にしたり、石畳があったり、小砂利が敷いてあったりします。わざとでこぼこにして歩きにくくしたりして、石畳もコンクリートに出来るようなところをわざわざ飛び石にしたりしているのです。飛び石というのは石を敷き詰めれば普通に歩けるところを、下を見なくては歩けないようにしてあります。あれは多分、下を見させる道具なのでしょう。要するに、自分の歩幅で普通に歩けるところを、そうではなくて飛び石があって、しかも意図的に不規則にしてあるのです。ですから、通常、階段というのは段がある程度一定になっているので下を見なくても一定の歩幅でとんとんと上がっていきますけれども、庭園にある石畳の飛び石というのは、多少ずらしてあったり、大きさも変えてあって、身体の動きのひねりをつくり出すことと、ともに、下を見るようにしているのだと思います。

そのときに、多少動き方が不規則になるのだけれども、下を向いているときですから、木立で向こうの風景を隠しておいて、上に出た瞬間にパッと開けるとか、いろいろな仕組みをつくってあります。そういう視覚的な変化というものをつけているのだけれども、移動のときに聴覚も働かせてよく聞いてみると、音を変えるということもやっているわけです。つまり、木の種類とか組み方とか石畳の材質の違いによって、感触が違うだけではなくて返ってくる音が変わってくるのです。また、回りからの音の入り方も遮るものによって変化します。ですから、日本庭園というのはある種の環境音楽なのです。

しかもそこに、岡山の後楽園などもそうだし、ほかのいくつかもそうなのですが、池があって水があるのです。岡山県は中国山脈から清流がたくさん流れているので水が豊かで、市内にはたくさんのきれいな川が流れており、水の都のような感じがあります。岡山の後楽園がよくできているのは、海のそばにあることもそうですが、川から水を引いてあり、池があって、そこからまた水が流れ出ていくのです。流れ出るときに小さい小川になって出るのですが、その小川の設計が上手なのです。例えば、上流の一〇メートルぐらいのところに、ツバキがいくつか植えてあって、季節になるとちゃんと花びらが水に落ちるのです。それが流れてきて、それを見るように小屋があって、そこで流れをいったん止めて花びらを観賞していくというふうにできています。それは意図的にそうなっていて凝っています。そのときに、水の流れが比較的ゆったり流れているところと、やや急にしたところがあって、やや急なところにでこぼこを入れてあるのです。そうすると、水の流れの変化が起こるだけではなくて、そこでせせらぎの音が出てくるのです。これは小川の設計のひとつのやり方で、要するに均質に水を流すと静かに流れていくのですが、意図的にあるところでちょっととせき止めておいて、少し急にしてそこに石を置くと、せせらぎの音が出ます。そういうのもサウンドスケープの工夫のひとつで、これは偶然ではもちろんなくて、設計したわけです。水音は厳密には返る音ではありませんが、こちらに移動その他の動きがあって、それに応じて生まれ出てくるという意味では返ってくるものでもあるのです。

ですから、本当は道を歩くという経験は、体の動きの変化があり、例えば平らな道を歩くときの歩き方と坂道を登るときの歩き方は違いますし、坂道と階段では動き方が違います。それから、道が途中で曲がりくねっていて、体の動きを変えるように設計されているのも意図的なものです。そして視覚的な変化ということと、もうひとつはそこに音の経験を細かく入れていきます。その組み合わせの総合的な体験が日本庭園では生じるようになっています。

楽器の音とは

「返る」音というのは、体をたたくのもあるし、そもそも楽器というものは基本的に、こちらが働きかけることによって返ってくる音です（ローゼン、二〇〇九）。タンバリンのようなものは典型的で、振ることによって音が出ます。太鼓はたたくことによって音が出ます。たたくということは、もちろん手とこちらの振動によって音が出るわけですけれども、自分がやることはぼんとたたくことで、あとの振動は楽器の方で、そのたたいた勢いを利用して再びばんとたたけば、空気を揺らすことになります。太鼓の皮の部分だけを取り出して、バンとたたくだけだと、豊かな音にならないのですが、全体としてこの特定の位置に置いたままで膜が揺れるわけです。これがぐっと細かく微妙な振動となって空気を揺らして、先ほど述べたような音らしい音になります。かつまた、太鼓の胴の部分がその音を拡大する働きをしています。

実は、楽器は簡単に言えばふたつの部分から成っていて、ひとつは振動を起こす。つまり、人間の働きによって振動が起こされるわけです。また、ラッパの類《たぐい》は口のところに震える部分があり、息を与えることでそこが震えるのです。それ自体はほとんど音がなくて単なる振動です。それをもうひとつの部分が音の拡大を行います。それは通常、音の共鳴器となります。ですから太鼓というのは最も原始的な楽器で、たたいて響かせる部分とそれを拡大させる胴があるわけです。金管、木管の長いのも、簡単に言えば響きをつくり出す部分と音として拡大する部分からなります。ピアノというのはたたくことによって中にある線をぽんとたたく打楽器ですけれども、中で線が振動するわけで、その振動を胴体の部分が音を共鳴して拡大するわけです。共鳴器というか拡大器の組み合わせです。

その音を拡大する部分の工夫はいろいろあります。音色の細かいことを無視すると、楽器というのは要するに大きな音を出すもので、大きな音というのは振動を与えることと、その音を共鳴させて拡大させることです。では、その楽器は特別なものかというと、そういうことはないわけです。振動を与えて若干なり音が出るものは世の中にいくらでもあります。というよりも、あらゆるものは音を出します。物というのは、存在している限りは物理的な力があれば若干揺れます。世の中に揺れない物はありません。ですから、音が出ない物はなくて何でも出るわけです。例えば、拍手というのは音を振動させると同時に、手と手の間に若干膨らみを入れていますから、ここで音の拡大があって共鳴が起こり、少し音が大きくなります。かつ、反響があります。膨らみがないと、音は短くぴんぴんといった感じになります。それに対して、両手の間に膨らみを入れると、音量が大きくなるのと同時に、若干の反響が入ってきます。ここに空気が入っていて、それが振動するからです。要するにすべての存在は音を出すのであって、私たちの世界は音からできています。

光の意味と比べると

私たちは極めて視覚的な存在です。おそらく現代文明はさらに視覚に寄ったのでしょう。視覚というのは光を知覚することです。実は、音の性質として分析してきたことは全部光が持っている性質と同じです。光もわれわれに届いていて、同時に、われわれを包んでいます。光というのは、視覚の研究で言われているように（ギブソン、一九八五）、大ざっぱに言うと二種類あります。真っ直ぐにやってくる光と、反射しているものがあります。光は音と違って猛烈に速くてかつ減衰しませんので、当然ながら一個一個の光がやたらに反射しています。例えば影を見るでしょう。影のところはどの明かりの光も直接には当たっていません。けれども、真っ暗ではないでしょう。いろいろなところから反射した光がそこに入ってきていて多少とも見えているわけです。ですから、光というのはそういう意味で空間に充満しています。

我々は働きかけて光を出すということは通常できませんがこれは特に最後の「返る音」の特徴です。

その音に関わる能力は、われわれはうまく開発できていないというか、衰えさせてしまったと言うべきかと思います。盲の人の研究で、盲の人が杖を使って歩いている様子を分析したものがあります。小さいときから全盲の人たちは杖を巧みに使って歩いています。あの杖は何の役割をしているかというと、障害があるとかでぶつからないようにしているというのはひとつの役割ですが、実はもっと大きなことは、あれで音を出しているのです。それによって反響を聞いているということが研究で分かってきました。コウモリは超音波を出して反響を聞いているそうですが、それと同じなのです。それは全盲の人の特殊能力ではなくて、われわれもそういう感覚は持っているのです。ただ、あまりに視覚に頼っているからろくに使っていないだけで、多少は感じるのです。目をつぶって歩いていて音が出ていると、曲がり角があるとすれば、途端に音が変わることを感じるはずです。試してみれば分かります。曲がり角になった瞬間に空気の流れが変わり、音の広がりが感じられます。自分の音が反響して戻る感じが違ってきます。遠くからの音の届き方も変わるのですが。こういった音の響きで曲がり角かどうか分かるはずなのです。こういう経験をしてはどうかということです。

声という経験

では、そういうものを声としてみたときにはどうなのでしょうか。楽器の理屈で言いますと、声とは声帯の響きなのですが、この声帯の響きをのどから鼻の空間で震わせています。この震えというのは頭蓋骨も関与しているのです。響かせたときのこの音というのは、のどの奥の方まで含めて全体を使って響きます。胸の空間がありますから、こちらも使って響いています。プロの声楽家はもっと響くわけで、単に無理して大きな音を出しているわけではありません。朗々とした声になります。あれは自分の体、特に横隔膜から上の部分を音響板というか共鳴箱に変えるわけです。ですから、声楽家の訓練というのは、基本的にはそこから上の部分を全体として響かせるような訓練をするわけです。響かせることができないと、声帯を傷めます。よく幼稚園や小学校の先生で声を枯らす人たちがいますが、大声の出し方がいけないわけです。つまり、大声を出そうというときに声帯を響かせようとするのです。声帯に力を入れて、たくさん振動させようとすれば、いずれ喉を傷めます。そうではなくて、声帯部位の響きは少しでよくて、反響させることが大事です。ボイストレーニングは特にその訓練をするようです。そうすれば、全体として声が出てきます。

必要な経験として、自分の体が響くということがあります。幼児の歌の指導では基本的にはこのことが一番重要です。この指導をやらないと、声がきんきんしてきます。がなり立てる声と金切り声で、それは別な言い方をすると、反響が少ないということです。音響学的な言い方をすれば、ひとつの声というのは必ず二倍音、三倍音など倍音を伴いますが、その遠くの倍音の部分の響きが足りないということになります。十分倍音が響いていると、小さな声のようだけれども響きが大きくなって、無理をしなくても遠くまで聞こえます。

合唱の場合、隣との関係をどうつくるかということが指導のポイントです。合唱指導の一番重要なポイントは隣との関係です。つまり、大勢で歌うのだけれども、基本的に合唱の第一の要点は、隣の声を聞くということです。つまり隣り合う、そばにいる人の声を聞きながら自分が声を出すのです。そのことによって声が合ってくるわけです。もちろん正確に同じ音程にするとかオクターブずらすということはもうちょっとちゃんとした訓練を要するでしょうけれども、最初の段階は隣の声を聞くという関係をつくります。ですから、隣同士の声が混ざり合うか、響き合うかという経験が重要です。合唱するということはまさに包むような音をつくり出すことです。二〇人なら二〇人全体の歌がひとつの音楽になるのですから、全体として自分を包むような音に変えていきます。そういう経験をどうつくっていくかということが重要です。この音と声の経験が音楽としての経験としてどうなっていくかということが特に表現の指導としては重要になります。

音楽という経験

では、音楽とは何かというのは難しい問題です。少なくとも小さい子どもが出会う音楽的経験というものを考えたときに、その要素はいくつかあるでしょう。一番重要かつ原初的な要素は、リズムと音色と変化にあるわけです。これらは、実は言葉の始まりでもあります。音声言語の始まりでもあるし、音楽の始まりでもあるのです。

まずひとつはリズムです。リズムというのはいくらでも複雑になっていくけれども、一番素朴なリズムというのは単にたたく音です。一定間隔でたたいていくと、音が出る、休む、出る、休むというリズムとなります。これは一番単純なリズムです。リズムというのは繰り返しですから、そういうことが起こればよいわけで、リズムというのは実は音に固有ではありません。別に音が出なくてもリズムはあります。例えば音がなくても、手を振ればこれはリズムです。要するに、一定の動きを繰り返すことがリズムなので、いろいろなところに起こります。ですから、人間の持っている最も根本的なあり方が、リズムということなのです。何かをすることと休むこととの組み合わせでできていますから、そのリズムを複雑にするというのは、つまりタンタン、タンタンという具合に音の性質を切り替えて、もう一段複雑な単位をつくって、それを今度繰り返すことです。タンタン、タンタンというのは、例えば高低二音から成る単位をつくって、それを今度繰り返しているわけです。という具合に、基本的には単位があって、それを繰り返すということがリズムです。そこに強弱を入れるとリズムは複雑に作っていけます。ですから、音以前のリズム、体の持っている動きにリズムの基があるのです。

それに対して音色というのは、音固有のものです。これは色が赤とか青とか違うように、音には固有の色合いがあって、それがさまざまな感じをわれわれにもたらすわけです。ですから、さまざまな音は高さも違うけれども音色が違うわけです。音色というのは、音響学的には周波数パターンの問題ですが、それが複雑な組み合わせによってある音色というのを構成します。私たちの周りにはさまざまな音があり、極めて多様な音色を持っているわけです。そのさまざまな音色を子どもに聞かせるということは重要なことです。これは実際の教育場面で考えてみると、例えばピアノという楽器は音の高さというものを示すのによくできていますが、音色という意味ではバイオリンの方がはるかに複雑な音色を持っています。いずれにしてもドレミとかあるいはハ音とか、そういう音を出すという意味においてはひとつの楽器ですむわけだけれども、音色というのは基本的には多様性そのものですから、たくさんの種類があればあるほどいろいろな音色がするわけです。

「変化」というのは、例えば音の高さあるいは大きさなどのことです。あるいは、音色を変えるというのもあるし、リズムを変えるというのもありますが、いずれにしてもその変化です。ですから、一番基本となるところはリズムで、そして次いで音色です。リズムというのは音の組み合わせだし、音色はひとつの音の特徴です。それが組み合わされたときに変化をつけることができて、その変化のパターンはさまざまです。この変化を組み合わせることによって、メロディーができるわけです。

音楽の要素をぎりぎりまで追い詰めていくと、このような三つになるわけです。そうすると、乳幼児期に作品としてのよい音楽を与えることは重要ですが、それ以前の経験に注目する必要があります。音や声そのもの、あるいは音楽の要素、音楽の基みたいなものですが、それ自体にどう出会わせていくかということを考える必要があります。例えばリズムであれば、リズム遊びで拍手をさまざまにして、子どもに真似させるような遊びというのはよく幼稚園・保育園の保育者がやりますが、子どもは結構面白がります。組み合わせることによってそれを模倣させることで音経験であると同時に身体活動でもありと、いろいろにできるようになります。それぞれの要素ごとの遊びというのが成り立つわけで、そこを幼児教育なり保育の場面に導入していくことができるのではないかと思います。

音としての世界という経験

小さい子どもの経験として、さまざまな音や声にかかわるものを与えていきたいのです。そこで目指していることは、この世界というものは視覚的に見えるだけではなくて、実は聞こえているものであり、聴覚というものをベースにしていくと、あらゆる物はあらゆるさまざまな音を常に出していて、そこに気付かせていくということです。その音というのは音として単に存在しているのではなくて、その基は振動です。振動というのは、われわれが体をもって物を相手に活動するときに、常に起こるものです。われわれが生きている限りは動くわけで、動くということは対象との接触があるわけです。自分の体も含めれば、振動しないわけにはいきません。その振動は必ず音の大きさや種類は別として、何らかの音を起こしているわけです。ときにそれは、もちろんわれわれの可聴域を超えて低い、高いとなって、全部自分の耳に聞こえているとは限りませんけれども、何らかの音は存在しています。さらに身体内の音まで入れれば、本当はもっと騒がしいわけです。おなかがググーッと鳴るとか、骨がポキッと鳴るとか、そういうことまで入れれば、胃腸やら何やら常に活動していますから、われわれの身体自体はさまざまな音を常に出しています。そういうことまで含めて、われわれの世界は音が充満しているわけで、その気付きに、あるいはその経験をどう導いていくのかということは、本来大きな教育的な課題なわけです。それは、音楽という教科とか、いわゆる音楽というジャンルよりも、また西洋音楽やクラシックとか歌謡曲とかよりずっと手前の、人間経験の基盤としてあるはずです。そのことに従来あまり注目がいっていなかったのではないでしょうか。

第4章——身体の動き

本章では、身体の動きを検討します。音と基本的な考え方は同じです。体の動きということをスタートに考え、幼稚園や保育所の環境との関係でとらえます。

幼児期の身体運動の原則

幼児期の場合に、身体運動の教育としていくつかはっきりしている原則の一つに、特定の部位の発育だけを促すタイプのものはよくないということがあります。これは幼児に限らず、多分小学生もそうですが、例えば野球のようなスポーツは小さい子にとってあまり向いていないところがあります。野球に限りませんが、そこでの問題は利き手だけを頻繁に使うということにあります。例えばボールを投げるというのは、右利きなら右腕を使うわけですが、それをずっと続けていると、通常右腕の方が長くなってきます。これはもちろん筋肉も付いてくるわけです。筋肉が付いて頑丈になったり器用になること自体はよいことですけれども、バランスが悪くなります。ですから、各部位をしっかり育てるということと、全体としてのバランスを保つという二つのことを両立させなくてはいけないわけです。子どもが歩き始め、一通りしっかり歩けるようになるのは一歳前半ですが、それから小学校低学年ぐらいまでが、体の基本的な動きを身に付ける期間です。そうすると、全体のバランスを保ちながらそれぞれの部位の発達を促すという必要があります。それをどうやっていくかが教育的課題です。

もう一つの原則というのは、基本的に毎日運動するということが必要だということです。文字通り毎日ではないのですが、幼児期はかなり成長が早いわけですから、例えば一カ月も運動をろくにしないでいるということは、大人にとってもそうですが、幼児にとっては特に運動機能を衰えさせてしまいます。あるいは、もっと成長すべき時期を失う危険があります。そういう意味では、日々しっかり運動するように導く必要があります。どの程度やったらよいかということの情報は研究データが充分でないのでよく分かりません。例えばよく大人については、一日一万歩とか言います。子どもについても一日一万ないし一万五千歩でいこうと言っている教育者はいますが、それは充分な根拠は今のところ持っておらず、どの程度がよいかははっきりしません。しかしながら、ある程度の時間、日々運動する必要はあるだろうというのは、ごく常識的に考えられると思います。

それに対して、現代社会は大きな問題があって、何より運動不足になりやすい条件があるわけです。特に子どもの外遊びの時間というのが過去二十数年一貫して減ってきているわけです。子どもの遊び自体が部屋の中の遊びに変わってきたということがあります。おそらくテレビゲームの普及というのが影響しているのでしょうし、また子どもたちが大勢で集まるのが少子化の中で難しくなったということもあると思います。外遊びといっても、友達と遊べなければつまらないので、何人かが集まればよいわけですが、そういう場面がなかなかないわけです。少子化の中で子どもはかえっていろいろな意味で忙しくなってもいます。塾やらおけいことやら、さまざまな日課があります。近所に子どもはあまりいないとなれば、小さな子どもが一緒に遊ぶというのも、大人が場面をつくってやらなければできなくなります。

特にこの数年は外に出ることの危険も指摘されてきていますから、余計に大人が管理しなくてはいけません。また、とりわけ地方に行くと車社会になりましたので、子どもたちが歩いて移動することが少なくなっています。小学校は基本的には歩いて通学するという原則を守っていますけれども、それ以外はおそらく車で移動するだろうと思います。近所の買い物もそうだし、誰かのところに遊びに行くのもそうかもしれません。幼稚園や保育所に行くのも圧倒的にバスと自転車による送り迎えになっています。歩いて通うというのは少なくなってきています。そういう意味で、日ごろの運動というものがかなり減ってきているだろうと推察できます。そういう背景の中で、子どもの運動能力が衰えてきているわけです。それは、中高生もそうですけれども、幼児もそういうデータが出てきているわけです（杉原・森・吉田、二〇〇四）。

動きの単位

幼児でも運動をさせていく必要があるのですが、先ほど述べたように、特定の部位に集中した運動というのはあまり好ましくないのです。それは逆に言うと、バランスを保ちながら運動する必要があるということです。もう一つは、毎日のように子どもが運動する必要があるわけです。毎日のようにやるということは、子どもの身近な環境の中で運動できなくてはいけないわけです。それは特定のスポーツというよりは、もう少し広い運動である必要があります。全身運動が基本なのです。それに相当するものとしては、歩いたり走ったり、運動の中でも水泳はまた意味が違って、全身運動ですから幼児に向いているわけですけれども、そういったものだろうと思います。

したがって、歩く・走るとか、水泳などを基本にした運動の可能な場を考える必要があるわけです。それと同時に安全とか管理の問題もあるので、日常的に水泳をやるのはなかなか難しいですから、おそらく歩く・走るということが基本にならざるを得ないだろうと思います。

その上で、それをどういう形にしたらよいかということですが、そこでもう一つの原則というものが必要になります。それは部分と全体ということです。体の個別の部分とそれが身体として一つのシステムを成しているのですけれども、その関係ということです。そこで、基本的には動きの単位を考える必要があると思うのです。

人間の体というのを身体運動という面で見ると、どういう動きの単位からできているかというと、基本的には関節です（山下、二〇〇七）。小さい骨がつながったものです。骨と骨の間が関節ですけれども、この周りに筋肉がついていて、骨を動かしているわけです。そうすると、運動能力というのは、要するに単位でいうと、この筋肉を鍛えるわけですが、もう一つ大事なことはこの関節の動きにあります。

例えば手首の関節でいえば、手の平の上と下の方向にある程度動きます。指が腕についたり、逆に、反ることもできるはずです。こういった動きは手首だけではなく、すべての関節でこうなるのです。手首の関節の動きを見てみると、上下の動きとともに手首は左右には動きにくいのですが、若干動きます。つまり基本的に関節というのは三次元の動きになるわけです。前後はあまり動きません。基本的には上下と左右の動きを組み合わせて動く角度が決まります。

もう一つ大事な動きが回転で、ひねりです。これは手首がベアリングみたいな感じでくっと回っている動きです。手首の関節は機械的に考えると、金属のボール・ベアリングが入っているようなものですから、上下左右に大きく動く動きとともに回転と両方あって、人間の体がつながっているわけです。これを実際に動かしているのが筋肉で、筋肉をコントロールしているのが腱であり、腱に指令を与えているのは脳神経系です。

しかし、もちろん全身のバランスが重要です。例えば、手首を動かすということは、実はそこだけ動かすということも可能ですが、通常は単純に手首の関節が下向きになるわけではなくて、腕がしなります。腕がしなるということは、いろいろな関節が同時に動くことです。肩は通常固定できますが、肩からひじ、そして手首と動きますし、動きのパターンが形成されているのです。それは人間に取っては当然のことです。ロボットには動きの目的というものはないのですが、人間にはもともと動きには目的があるのです。例えば、ものをつかむという動きをするときには対象に向けて手を伸ばしますが、そのとき必ず手首が動きます。曲がらないで持つときに、同時に手首の下向きの動きは、指先の関節と一緒になっています。これは微妙に動かないといけません。

そうすると、小さい時期に必要なことは、第一は、関節を中心とした動きというものを可能にすることです。動きの自由度を増せるようにします。もう一つは、その組み合わせのパターンというものがさまざまでなくてはなりません。パターンというのは、ある程度固定的でありながら、ある程度は柔軟なものでなければならないのです。実際、今後成長に伴い、いろいろな動きを習得することになります。ロボットとは異なり、人間は滑らかに動いて取ります。ものを取るために手を伸ばし、しかも調整しながらやっています。ですから、ここに全体のパターンがあってある程度固定的な動きをわれわれは持っていて、組み合わせがだいたい決まっているのですが、しかしそこに柔軟性ある動きを可能にするわけです。幼児期というのは、おおむねこういうことができるようになる時期なのです。

たぶん小学校の半ば以降になると、鍛える時期に入ってきて、特定の動きに習熟していくということになるのだと思います。その前の時期というのは人間が持っているすべての可能性を満遍《まんべん》なく開発する時期といってよいと思います。そして、実際に小さい子どもは体が柔らかいわけです。大人になることによってわれわれは体が硬くなったり、幼児期にできることができなくなったりします。それは、成長に伴って身体が強くなっていくことの裏返しの面と、それから特定の動き方ばかりやっているために他の動き方が下手になっているためなのでしょう。また、もちろん体が大きくなっているがゆえにやりにくい部分も出てくるわけです。例えば、われわれは胴も長くなり足も長くなっているから、足の指をつかむことは簡単でなくなってくるわけです。しかし、乳児は全く無理なく足が顔にまで来てしまいます。幼児期は大体その動きがある程度まで保てます。けれども、背がどんどん伸びていきますから、足を口に持ってくるというのは苦労するようになるでしょう。手の指なども、例えば、親指は誰でも自在に曲げられるでしょうが、中指を曲げたときにどうしても薬指が動く人は多いでしょう。薬指を曲げるときに中指が曲がります。小さい子はそういった動きがわりとできます。できなければ、ちょっと練習すればすぐにできるようになります。これは柔軟性の問題と同時に、神経回路が充分に分化してないと、一緒に複数の指が動いてしまうのでしょう。脳から「薬指、動け」と命令しても、命令の一部が中指の方にも行ってしまいます。中指に「動くな」と指示を出して、力を入れているると動きませんけれども。ということは、われわれは大人になって能力を失うことがたくさんあるわけです。

人間の関節は、それぞれある程度の自由度を持っています。人間の骨の組み方の出来具合からして、もちろん自由度の限度はあるのだけれども、多くの人は限度いっぱいには動かしていないのです。それを動かすと、ヨガの名人といった人になれるのでしょう。別に奇蹟を起こしているわけではないのです。人間の可能性を最大限やっているだけだから、結構動きうるはずです。そう考えてみると、幼児期というのは基本的には関節を単位とした動きの可能性をある程度広げていった方がよいだろうと考えられるわけです。

多様な動きを引き出す環境デザイン

では、どうやればそういうことが可能かです。体操をするというのは一つの手かもしれないのですが、実はそれに応じられるほど多種多様な動きを含んだ体操はありません。ヨガみたいにたくさんの動きを一時間ぐらいやれば可能かもしれませんが。実際には、もっと簡単なことがあります。それは、例えば足の指の関節でいいますと、基本的に若干反り返ることができます。特にこういう動きというのはどこで可能になっているかというと、足を踏ん張るというときには大体こうなるのです。踏ん張るという動きは自分でしっかり立とうと思って、地面をつかむようにする動きです。例えば滑りやすいところを歩くと踏ん張ります。泥んこの道とか坂道などを歩くときもやはり踏ん張ります。動きの多様性を広げるというのは、ひとつはそういった適切な環境の中で動いていくと、自然にそういう動きが引き出されるわけです。

もう一方では、ふつうに移動しているだけでは全部は出てこないので、ある種の動きを引き出すやり方を子どもに見せていく必要があります。歩き方というのもいろいろな仕方があって、関節の動きの組み合わせにより大きく異なります。例えば、ひざを曲げて歩く動き方がありますが、それはちょっと腰が落ちます。これは日本式の歩き方の一つのパターンです。日本舞踊などにも出てくるし、能で足を摺るときもこういう動きが出ますが、腰は安定させています。重心の部分を一定にさせて動いている静かな動き方です。それに対して、ひざを曲げただけだと、もうちょっと上下動が出てきます。スリッパとかサンダルなどでかかとを引っ掛けないもので歩くと、それに近くなります。脱げやすいから、ちょっと力を入れているのですけれども、同時にひざを使わないとうまくいかないし、ひざから下の動きで前に進めます。それに対して、かかとがしっかりしている靴というのは、西洋から来ているのですが、実は足全体を振ることによって動かすようになります。股関節の上の部分を支点にして振るのです。そうすると、同じ歩きといっても、股関節の部分を中心とした振り子のように足を動かすやり方と、ひざを中心として動かすやり方があり、少し違うわけです。

ある環境が与えられたときに、そこでの動き方とか対応の仕方で、ある基本的な運動は決まるのだけれども、それで決定はされません。つまり、ある環境が用意されて、そこでさまざまに移動するとしても、いつもの動き方しかしないわけでしょう。そこでは二つのことが大事になります。一つは、例えば、靴や着物が何かは重要な意味を持っています。西洋流の歩き方をするには靴によって可能になるわけです。スリッパのような、かかとが止まっていないものでそのように歩くことは難しいでしょう。足をずるずる引きずるような動きになりやすいのです。

もう一つは、その動き全体が何の一部を成しているかということです。そのパターンはさらに何らかの活動の中に入っています。活動というのは、例えばどういうゲームをしているかとか、どういう目的で動いているかとかいったことです。例えば、同じ走るにしても、一〇〇メートルの動きとマラソン選手の動きは違います。マラソン選手だって、オリンピックに出るような人はわれわれから見れば速いのですが、いずれにしてもその動き方は短距離走者とは異なります。専門家によると、一〇〇メートル競走の短距離に素質がある人と長距離に素質がある人は、そもそも体のつくりが違うし筋肉も違うそうです。そういう熟達しようという話ではないのだけれども、どういう活動の中でどういう動きが起こるかということが重要です。

例えば、サッカーとかバスケットで走るというのは、本格的なサッカー場だと端から端まで一気に走るということはあり得ますが、多くの場合には細かい動きをします。運動測定でよく行う反復横跳びに似た、機敏性を要求されています。一〇〇メートルをゴールまでまっすぐ走る動きというのは、バスケットとかサッカーではほとんど必要になりません。特にバスケットでは、短く方向を変えつつ動きます。それは、一〇〇メートルダッシュとは走り方が違います。当然、そこで生じている運動パターンが違って、さらにそこで動いている関節の動きは変わるわけです。

このように、子どもに対しては、どんなスポーツでも運動でも可能になるように、さまざまな動きを育てるために、自ずと動きが変わってくるような活動を用意している必要があります。ではそれをどうやっていくかを整理すると、一つはどういう環境を与えるかで決まってきます。それから、もう一つはどういう活動を用意するかによって決まってきます。そこでは、靴や服といった、どういう道具を用意するかが重要です。これらを組み合わせながら考えていくと、子どもの体の動きはそれで決定はされないのですが、どういう動きが出やすいかということについてデザインしていくことができます。これが要するに、子どもの身体運動を可能にする保育環境のデザインというものです。

環境に応じた運動の仕方

公式のグラウンドとか、スポーツの記録といった発想を捨てる必要があります。例えば、五〇メートル走とか一〇〇メートル走とかというときに、何秒かという記録をとります。平らなグラウンドでスタートとゴールを一直線で走るとか、あるいはぐるっと回って走るとか決まっています。これを練習していくわけだけれども、なぜ平らなところで走るのか、なぜ一直線で走るのかというと、そこに身体運動を育てるという意味での根拠があるわけではないのです。一直線に走ることがよいという理由は別にないわけです。そうではなくて、平らなグラウンドでこっちからこっちまで走るというやり方というのは、測定のためにできているのです。そういった発想は二〇世紀になってからの工夫なのでしょう。例えば日本で言えば、こういうことが起こるようになったのは明治で、盛んになったのはもうちょっと後です。オリンピックが始まったのは二〇世紀の最初のころで、そのころに記録というものへの関心が生まれたわけです。記録をとるためには、同じ条件でなければいけません。条件はなるべく簡潔明瞭でなければいけないので、こういうかたちになるわけです。

例えばマラソンというスポーツは、先ほど述べたように、条件によって記録の出方はさまざまになります。暑い日か寒い日かによって変わるとか、あるいは坂道が多いか少ないかで変わるわけで、記録が出やすいコースとすごく記録が出にくいコースが世界にはあるわけです。それを比べることに何の意味もないので、特定の条件の特定の場所で競走して、そのときに一番速い人が金メダルをもらうわけです。そのとき二時間二〇分とか一五分とか一〇分とかで走れたかどうかは世界最高記録と呼んだりしますが、いわば参考記録なのです。

どういう条件があるかということは、教育的にまた生活上で考えるとあまり意味はないのです。例えば江戸時代、武士はいろいろ体を鍛えていたと思うのですけど、平らなグラウンドで走るといったことはないでしょう。走ることはやっていたのだけれども、それは山道や野原を走っているわけです。狩りのために一生懸命走ったりするわけです。動くということだけで言えば、その方が現実の環境の中で動けるから、適応的でもあるはずです。

それはちょうど水泳というのを考えたときに、われわれはプールで泳ぐことを水泳と思っているわけだけれども、もし水泳というのが水の中で移動可能にすることと考えるならば、プールというのが非常によい環境とは必ずしもいえません。プールというのは、確かにきれいなフォームを覚えるという意味では余分なものがないので便利ですけれども、プールで覚えた水泳は、海で実際に泳いでいたら、もちろん浮力もあるわけだけれども、同時に例えば海流が流れていて潮の満ち干があるとか、波があり、泳ぎにくいのです。川で泳げばもっといろいろな障害物があったりします。最近は着衣水泳といって、洋服を着たままで泳ぐ訓練もありますけれども、溺れるときはそういう状態だから、実用的です。それは生活上の利益ということで推進されているものです。

われわれは二〇世紀の百年を経て、身体運動というのはスポーツだと思っていて、しかも限定された固定的な条件の中で記録を競うこととして考えて、そのための教育というものを考えやすいのです。しかし、身体運動というのはそういうやり方でうまく育つわけではありません。かえって、特に小さい子どもにとっては、そういうやり方というものの弊害がかなりあります。そうすると、例えば走るということで言えば、もっとでこぼこした空間の方が多様な動きが起こりやすくなるので、意味があるのです。

何を鍛えるか

身体運動のためにはさまざまな動き方の機会を小さいうちに十分に用意しておく必要があると主張してきました。それとともに、運動を通して心肺機能を鍛えている面があります。運動するためには筋肉を動かさなければいけないのですが、筋肉というのは当然疲労しますので、疲労物質を取り去ってエネルギーを与えていく動きが必要なのです。それは血液で送り込んでいます。要するに酸素とか栄養が必要で、不要分は除去しなければいけないのですけれども、その回転が早い方がよいわけです。血液の酸素などの交換は肺でやっているわけだから肺の機能と、それから血液を素早く送り出すのは心臓ですから、その二つの機能を鍛えなければいけません。ですから、心肺機能というのは大事なのですが、幼児期に必死で鍛えなければならないということではないのです。体が大きくなっていく中で、普通の生活の中でかなり鍛えられていきます。それに対して関節を中心とした動きというのは、ある程度練習しないと衰えてしまう可能性が高いのです。だからといって、汗だくになって倒れるほどの動きを子どもに毎日やらせなければ、子どもの運動能力は育たないということはなくて、普通に生活する中で、さまざまな運動遊びをする中で機能は育っていくと言ってよいと思います。

もう一つ大事なことがあります。それは、こういう意味での運動機能というのは、例えばよく巧緻性と呼びますけれども、器用であるということです。例えば、心肺機能を十分に使うものをわれわれは運動と呼びますが、そうではなくて、例えば、色鉛筆を持つなりチョークを持つなりクレヨンを持ってあれこれ動かすとすると、その際、指の関節と手首の動きが重要な意味を持っています。あるいは、前章の議論でいえば、例えば手をたたいて音を出すというような動きをしているとします。そのときに、リズミカルにたたくか、適当なリズムを持つとか、二拍子なり何拍子なりで動かすとか、そういった類の動きというのももちろん身体運動でもあるわけです。体を使わないということはどんなことについてもないのです。

何をやろうと体を使っています。特に幼児について言うと、ほとんどの活動において体の動きの比重が大きいでしょう。例えば、授業の後におしゃべりをしながら廊下を歩いて、角を曲がって玄関を出ていくというときに、歩き方についてほとんど意識しません。多分どう歩くかということについての努力というのはほとんどなくて、関心はほかの人と話すことにあるわけです。それに対して子どもは、小さければ小さいほど、歩きながらしゃべることがうまくできないのです。

例えば二〜三歳の子どもを保育所などでよく散歩に連れていきますけれど、そのときに二人仲良くおしゃべりしながら歩いているということはないのです。それはどうしてかというと、それほど言語能力が発達してないということもあると思います。しかし同時に、歩くこととか移動すること自体かなり注意力を使っているのだと思います。それはもう少し正確に言うと、周りのものを見ながら歩くということにエネルギーをさけないのです。つまり、移動しながら見えることがたくさんあって、それ自体が珍しいわけですから、それが面白いということと、それから、おそらくこの移動して歩いているということの持つエネルギーコストというか手間がかかっているし、それから同時に手間がかかるだけではなくて、歩くことの占める感覚の重さがあります。大人でも、例えば山を登るとすると、最初のうちは景色を見たりして楽しくておしゃべりしながら「きれいね」とか言いながら歩いているのですが、だんだんみんな黙りこくって、下向いてただ歩くようになります。それは疲れてくるわけだし、エネルギーがそれしか向かわなくなっているわけです。子どもにとっては、そういうふうに体を動かすということ自体、結構ウェイトが高いと思います。

絵本を読むというときに、子どもたちが絵本を開いていれば、絵本を開くというその動きそのものがそれなりに子どもたちにとっては手間をかけさせていると思います。なぜかというと、子どもたちはさまざまな動きについて基本的にまだ未熟ですから、何をするにしても自動的に、やろうと思ったらぱっぱっとやるわけではありません。そこにある手間をいつもかけなくてはいけません。ということは、逆に言えば、子どもたちは何をしようとそこでなにがしかの身体的な動きをしていて、そこでの動きが子どもたちにとって身体的な動きの練習の場になっているということです。

例えば絵本でいえば、本を開いてページをめくっていくという動きは、多くの幼児にとってはまだ習熟していません。ですから決して自動的にできることではないのです。ページを開くということ自体が結構重い行為なのです。重いというのは重さではなくて手間なのですけれども。字を読むとか絵を見るということ自体の手間もあるから、ページを一ページめくるということが重大な意味を持っているわけです。

そうすると、さっき言った、鉛筆やクレヨンの類を持って動かすというときの動き方も、もちろん習熟していないわけです。鉛筆を持ってある動き方をして、絵を描くなり線を引くということ自体の練習なのです。そこでの指先の動きというもの自体がけっこう大変なわけです。ですから、意味あることを描くことはそう簡単なことではないわけで、それ以前にこのクレヨンなり鉛筆なりを持つこと自体、そしてそれによって線を引くということ自体が子どもたちにとって新しいわけです。ですから、ある意味で、子どもたちが起きている間中が身体運動の練習であるとも言えるわけです。

幼児期にすべきこと

身体運動というときに、いわゆる体育の時間ということよりは子どもたちの起きている時間のすべてにおいてどういう動きが現れるかということを見なければなりません。そのためにどういう環境とどういう道具とどういう活動を用意するかということを考えていく必要があるということです（杉原、二〇〇八）。それをどういう年齢で、いつどの程度でやるのがよいのかというのは、もちろん実践的な検討が十分必要です。

例えば、小学校の授業は通常四五分間机といすに座ります。その上で学習活動を行うわけです。そういうことは必要なのかは、問題が大きいところだけれども、もし必要だとするならば、その前の幼稚園・保育所の時期に机・いすに座るという習慣をつけておく必要があります。それは単なる習慣ではなくて、机に向かっていすに座って本を読んだりペンを執ったりするという身体的な活動を練習させなくてはいけないわけです。そこに四五分座るということも自動的にできるわけではないですから、そういう練習をしていかなければなりません。もちろん、練習というのはただ「練習しろ」と言って幼児に命令してやるわけではないから、幼児にとって面白い意味のある活動のある中で練習するのです。でも、それはそこまでやらなくてもよいのだという考えもあるでしょう。ですから、いずれにしても幼児期における行動のレパートリーをどこまでにするかということを検討していかなければいけないということになります。少なくともいま提案しているのは、人間が持っている動きは無数にあるのだけれども、少なくとも関節を中心に考えることである程度整理できるだろうということと、その組み合わせということでいこうということです。

全身の運動として

ここでもう一つ言っておきたいのは、その組み合わせのパターンというときに、実はかなり全身的であるということへの配慮です。例えば、みんなで歌を歌うというときに、体の動きとして見るともちろん声を出すわけです。声を出すというのは横隔膜《おうかくまく》を動かすから、要するに横隔膜以上の肺の部分と声帯からのど、口なのだけれども、実はその声を出すときの様子、歌う様子を見ていると、下半身も関係しているのです。歌うときの足というのを見たときに、やはりひざとか足首というものを多少柔らかいかたちにして歌っているものであって、棒立ちのようにして歌うことは難しいのです。おそらく歌うというところで上半身を動かすのだけれども、上半身を十分に動かすときに下半身が関係しているのではないかと思います。

まして、もっと運動的な事柄、例えば拍手をすることでは、特にリズミカルに拍手するような場合には、ふつうに歓迎の拍手は手先でできるのですけれど、何拍子とか複雑なリズムをやったときに子どもたちを見ていると、やはり体全体で反応するのです。そうでないとやりにくいのです。手先だけでうまくやろうとすると非常に難しいのだけれど、体全体を動かしながら体でリズムをとってやるとできるのです。

そういった事情はいろいろなところに出てきます。保育者の指導を見ていると、わりと手先でやっている場合があり、そうするとどうしても動きが硬くなります。例えば、体育館の体育座りというのがあります。体育座りというのは、ひざを抱えて座る姿勢です。いすに座るか、床の場合には体育座りをするというのが、小学校の教師の好むところのようです。あの姿勢は子どもを動きにくくしているのです。いすに座っているというのは、もちろん立つよりは体重の支えが楽なのですけれども、同時に体の動きの中のひじから先だけ自由にして、それ以外は動きにくくしているのです。小学校では立ちやすくすると困るのです。多動の子はしょっちゅう動いてしまいますから。ですから、いすに座らせておくと動かないから、便利なのです。それは管理上便利なだけではなくて、本人としても動きにくいと集中できます。これが、例えば背もたれがないいすだと、動きの自由度が上がります。背もたれがあれば支えられて楽なのだけれども、支えがあるということはそこで動きが制限されるわけですから、動きを制限した方が楽であるということと同時に、あることに集中しやすくなるということです。集中するということは、特定の動きしかできないということになります。

そうすると、拍手といったリズム運動をやるときに、椅子に座ってやるとか体育座りでやるというと、本当はうまくいきません。どうしてかというと、下半身を動かすことがすごく難しいのです。いすに座りながらリズムをとるのは難しいはずです。ですから、ロックのコンサートなどはみんな立って聴きます。いつごろから習慣になったか知りませんが、そうなったのはやはり体で反応したいからでしょう。立って静かに聴くのなら意味がないでしょう。座っている方が楽ですから。立っているということは、全身の動きを可能にしたいということです。ところが、実際に幼稚園や保育所に行ってみると、そういうことは少ないのです。あたかも自然にそうすべきかのように、いすに座っているか、あるいはみんな集めるとすぐ体育座りに近いかたちになることが多いのです。

手先の動きであろうと、実は全身によって支えられている動きであることが多いわけです。そのとき全身を固定するようなものとしてならよいのです。例えば細かい作業をするとします。字を書くというのはすごく細かい指先のことですが、そういう類の動作だとすると、集中しなくてはいけません。小さい字を書くのに、立ってやったらできないはずです。腕も動くし、他も動きすぎるから、だから動かないようになるべく固定して、ほんとに指の先だけ動く状況にして細かい作業ができるようになります。それはそれでよいのだけれども、つい現代社会というのはそういう細かい仕事ばかりになってきていて、それに慣れているので普通だと思っているかもしれないけれど、それは全身が固定化という作業をしているわけです。けれども、もう一方で、音楽だとかふつうのスポーツとかというのは、全身が動きとして支えているわけです。適当に動いてくれなくてはいけません。サッカーで走っているときにただ走っているわけではありません。蹴るということに向けての潜在的な状態の中で動いているのです。普通に走っていては駄目で、足はいつでも蹴る状態に、手はそれのバランスをとるように動くわけです。ですから、特定の個別の関節の細かい動きが重要だと言いましたけれども、それは同時に全身によって支えられているということを見ることにより、子どもの動きの指導が形となるのです。

重心遊びをめぐって

以上から、幼児期の運動発達の段階を考えてみることができます。いくつかの次元が混じっていますが、おのおのの時期の中心的な発達に注目して捉えています。なお、幅はかなり広いでしょう。また個人差が大きいかと思います。それを含めて、指導に生かせないかという目途としての提案です。

一、二歳――移動期。歩く、走ることの安定。
二、三歳――瞬発期。急に激しく動くことの習得。
三、四歳――追随期。他の子どもの動きに共鳴する。
四、五歳――多様期。関節を中心とした多様な柔軟な動きの習得。
五、六歳――重心期。体の重心の安定した動きの習得。
六、七歳――作戦期。ルールのもとで動き、他の子どもと作戦を立てる。
七、八歳――スキル期。上手になるために特定のスキルの巧みさが大事なことに気づき、練習を開始する。

この仮に重心期と名付けた時期の運動遊びは、身体の重心を中心にまとまった動きを可能にしていくものからなります。高いところから飛び降りるにしても、「よいしょ」と身体を動かすより、もっとスムースにぴょんと動く。それは重心を安定させつつ、他の身体の部位を柔軟にクッションとして使う動きです。鉄棒の前回りは重心を鉄棒の身体の接触点からわずかに前に出すと，自然に身体は回転します。縄跳びは次第にわずかな上下動でできるようになりますが、それは重心を安定させつつ、縄の入る余地をわずかに残す動きになります。

こういった重心遊びを十分に行った後に、特定のスポーツでの狙いとルールを持った動きやスキルの巧みさを求める運動らしい運動が出てくるのです。

第5章——積み木と組み立て遊び

積み木と言ってしまうと幼稚園の環境の中の遊具の一つにすぎないわけで、それが幼児教育を考えるときの一つの章を占めるぐらい大きな問題に見えないでしょう。しかし、私は重要な意味があると思っています。それは要するに、ものということと組み立てるということの意義ということになるわけです。その対象が積み木なのですけれど、積み木以外にも積み木に類したものがあります。それらを含めて、検討してみます。

積み木とは何か

積み木というのは一定の形を持ったものを積み上げるなり並べるなりして、何らかの大きな構築物にすることです（例えば、和久、二〇〇六）。例えば巧技台というのがあります。平均台とか他の形の台とか板とかを組み合わせてアスレチックな遊びをするためのものです。保育者が組み立てて置いておいてもよいのですが、五歳ぐらいなら子ども自身が組み立てられるというものです。そういったものを組み立てるときの原型的なあり方を積み木がよく示してくれます。積み木というのは面白いものだし不思議なものだと思います。積み木の歴史の解明も進んできて、ひとつのルーツはフレーベルの「恩物《おんぶつ》」から来ているのではないかと思います（是澤、二〇〇九）。

フレーベルは一九世紀のドイツの人です。恩物においてはいろいろなタイプの積み木があり、それを使ってある特定の形に組み立てるようになっています。二〇世紀に入る頃に日本もそうですし、いろいろな国々でも積み木を使った比較的自由な構成遊びというものに転換したわけです。ですから、特定のものにしていくというのに対して、自分の自由に作っていくというタイプのほうに変わったのです。それで二〇世紀の百年が過ぎるのですけれど、その間に積み木というものがいろいろ広がりました。

これに類したものとして、代表はレゴです。レゴは商品名なのでブロックと言いますけれど、ブロックというものはプラスチックでできていても小さい単位をつなぐものです。積み木というのはふつう、積み上げるとか並べるだけです。ブロックというのは、組み合わせてがっちりとつながるようにできます。これはいろいろな会社から出ていますので、たくさんの種類があります。多分、木で作ると高く付くのでプラスチックなのだと思うのですけれども。ブロックは幼児の遊び道具ではあるのだけれども、大人用にもなります。ブロックを使っていろいろ複雑なものを作ることができます。ブロックの箱に見本が書いてあって、中に使用説明書が入っており、参考例が載っています。ブロックは単位となるブロックに何種類かのタイプがあるのだけど、それ以外に特殊な形のものがあって、タイヤだとか丸いものや風車になるといったように、いろいろなタイプの特殊のものが入っていて、複雑でかつかなりリアルなものを作れるわけです。

けれども、積み木という流れから言うと、それはいささか邪道に走っているみたいな感じがあります。どちらかというと積み木は基本単位があって、これが一つとか何種類かであって、それを組み合わせるわけです。この基本単位というのは単なる平べったい四角だけというのもあります。また、丸とか三角・四角の立体形で構成されているものもあります。木でできた積み木もいろいろなものがありますので、中には三日月の形とか、何か穴の空いたものとか、そういうのが用意されている積み木もあります。幼稚園・保育所の現場に行っても基本単位が何種類もあるのはそれほど使われていないようです。どこに行っても大体使っているのはこの基本単位がせいぜい丸、三角、四角の類があって、それを組み合わせるものです。ブロックも大体そうです。ブロックの基本単位というのは丸、三角、四角よりはややこしいけれども、要するに差し挟むので、出っ張っていますから基本形と少し違うけれども、でも大体は基本形があって、そのバリエーションはそう多くはないのです。

恩物の出現の背景と思われること

歴史の素人《しろうと》なりにフレーベルの「恩物」が出てきた背景というのを考えてみます。恩物というのは明治時代の訳語だから難しげに訳されていますけれども、与えられたものという意味で、与えられたものというのは誰が与えたかというと、神様に与えられたというので恩物です。フレーベルというのはカントやシェリングの流れを汲んだドイツの観念論的な哲学を背景にもった教育者ですけれども、ある種の神秘主義的な傾きを持った人だったと思います。ですから、幼稚園というものを世界を写し込んだ小宇宙みたいな感じにとらえていて、そこで子どもたちが大人がやるような作業をいろいろやることによって自らを形成していくといった発想だろうと思うのです。かなり乱暴な整理ですが、そのように言えるのではないかと思うのです。

そうすると、基本単位とその組み合わせというものは、そういうことに思い立ったのはフレーベルではなくてもっと前に先駆者はいると思うのですけれども、子どもの成長上での意義を見出したのはフレーベルだと思います。しかしフレーベルの単なる思いつきではなくて、多分ある程度、時代思潮が関係しているのではないかというのが私の推測です。専門的に自信はないのですが、この辺の問題を考えたときに私はいつも連想するのは印象派のセザンヌです。セザンヌは自然というのは丸と三角とかでできているということを言っています。セザンヌというのは後期印象派なのですが、自然を丸とか三角に還元したわけです。その上で作っています。構図がすごくしっかりしているだけではなくて、基本的に人間は三角とかそういう感じに考え直したみたいです。セザンヌの絵の魅力自体はむしろ色とかそういうところに多分あると思うので、あまりその思想が関係しているかどうか分かりませんが、つまりそういった思想もまたある種の基本図形みたいなものを絶えず考えた上で組み合わせていくという発想です。こういう発想をもっと徹底すると、美術史の上で二〇世紀に入って立体派《キュビズム》というのが出てきます。ピカソは初期は非常に古典的なきれいな絵を描いているわけです。それが二〇世紀に入ってしばらくして立体派に突然変わるわけですが、立体派というのは人間の顔の断片を切っていって細工をするというようなものですけれども、こういう考え方というのはある種の原子論です。非常に話が大きくなりますけど、すべての物質は分子・原子からできていて、いくつかの原子によって構成されるということです。つまり、これは一九世紀から二〇世紀の初めぐらいの典型的な思想だったと思うのです。

要するに、あらゆることには小さい元があって、そこに分解する。一九世紀というのは化学の展開の時期です。物理学、ニュートン力学はもうちょっと早いのですけれども、一九世紀の後半というのは電磁気学の発見の時代でもあり、それは簡単に言うと電子によって説明する話です。化学のほうは元素を次々に発見していったわけで、その組み合わせです。こういうふうに、周りにある自然を要素に分解した上で組み合わせるという発想は、一九世紀のヨーロッパの非常に基本的な発想としてあったのです。こういう発想はある種の科学主義ですが、そういう発想とフレーベルのかなり神秘主義的な傾きのある論議がどうつながるのかは自信を持っては言えませんが。

いずれにしても、ある種の科学主義的な見方というのが展開したことは確かです。これが教育にも持ち込まれたわけです。これと近いのはモンテッソーリで、モンテッソーリはイタリアの教育者です（ルーメル、二〇〇四）。やっぱり一九世紀から二〇世紀にかけて活躍したわけですが、モンテッソーリの教育もある種の要素主義です。モンテッソーリは人間の行動を感覚に持っていくわけです。感覚というのは視覚とか聴覚とか触覚とかで、そこを訓練した上で高度な知性の発達に結び付けていくというやり方をしています。これは別にモンテッソーリの独創ではなくて、一九世紀のさまざまな人々に見られます。それが例えば、特に知的障害児の教育が二〇世紀に始まるのですけれども、そこにつながります。これは心理学の発想でもあって、一九世紀から二〇世紀にかけての心理学の中心は要素主義で、人間の感覚というものをとらえると高度な知性も説明できると考えたわけです。例えば、何かを見たときの判断の速さとか、何か刺激されたときの叩く速さとか、触ったときの感覚の細かさとか、今でも心理学科で教育を受けると実習でそういうことをやりますけれど、あれは百年以上経つものです。ちなみに、知能検査というのはビネーが始めたもので、ビネーの知能検査というのは一九〇〇年から一九二〇年ごろ、第一次大戦の少し前から開発されたわけですが、ビネーの画期的なことはこの要素主義を継承しつつ、重大な変更を加えたことです。

ビネー式の知能検査の項目というのは、項目がバラバラだという意味では要素的ですが、個々の項目は要素主義ではなくてわりと日常的なものです。日常的な、例えばものの用途を尋ねるとか、普通の絵の例えば人間の顔を見ているときに「どこか抜けているところはない?」と聞くとか、そういう類の比較的日常的な項目を使ったわけです。ビネーの出る前の心理学というのはそうではなくて、心理過程を要素に分けていくという意味で要素主義なのです。多分、一九世紀から二〇世紀にかけての一つの思想として出たのだと思います。それが比較的うまくいった分野である化学と、心理学などはすぐにはうまくいかず、「反射」という単位を見出して、やっと科学的な展開が可能になります。

ちょっと話を広げすぎましたけれども、積み木について言うと、ある時期のそういう思想にいわばアイデアを受けて考えたのではないかと思うのですが、結果的には非常に成功したわけです。幼稚園というのを何となくイメージすると、世界中の国で幼稚園のイメージは少し違いますが、日本の場合には砂場があってブランコがあってジャングルジムがあって滑り台がある。では、部屋の中には何があるかというと、多分お絵描きするものがあって、あとは積み木が思い浮かぶでしょう。積み木がない幼稚園というのは、すごく考えにくいのです。積み木について言えば世界中そうです。どういうタイプの積み木かというのは別としてあるのです。ですから、単に一時の思想のもとにできたというより、結果的には子どもの発達に根ざした意味があるのではないかと思います。それは何だろうかということです。

積み木の持つ発達的な意義ある要素とは

一つは、丸とか三角とか四角という形に意味はあるかという問題です。これはデータとして最終的にまだはっきりはしていないけれども、昔ピアジェが図形概念の発達について検討したときに、丸、三角、四角というときに、基本的には丸に対して三角や四角の間の区別は重要だけれども、それ以外はさほどに重要視してないのです。それは、やはりピアジェはよくものを見ていると思うのですが、この間に図形としての感覚的違いは多分あるのです。丸みを帯びた曲線と角張ったもの、あるいは真っ直ぐの線ということの違いがあります。これが多分正統的な区別ではないかと思うのです。そういう立場からしたときに、丸とか三角とか四角が基本要素としてどの程度重要かということは実はよく分かりませんが、おそらく丸みを帯びたものと直線でできた上がったものの区別というのは大事でしょう。

それから、もう一つ考えるべきことは、平面か立体かということなのです。基本単位と組み合わせるというときに、昔から「タングラム」というパズルがあります。タングラムとは四角い形を適当に切るのです。バラバラにして、それを組み合わせていくという遊びで、歴史は非常に古いのではないかと思います。これは平面の組み合わせです。幼児の場合には、平面によって組み合わせるということはあまり見ることはありません。平面の形を平面のままで組み合わせて遊ぶというのはあまり見なくて、大抵は立体です。なぜ平面ではなくて立体かというと、立体物は手に持てるからでしょう。周りの世界を見ればみんな基本的には立体なのですから、立体のほうがより人間の発達なり認知としては基本だろうと思います。平面ももちろん視覚的には遠近感がなければ平面に近いものに見えるわけですから、平面と立体が視覚的にはそれほど区別されないでしょうけれども、基本的には立体物がベースにあるだろうと思います。

ちなみに、この平面か立体かというのは、実は小学校教育との関連を考えるときに大事なことになります。小学校における算数の中での図形が基本的には平面図形なのです。立体物の幾何というのもあるし、それから小学校算数での図形の導入では積み木を使ったりして立体物を使うのですが、基本的には平面図形です。これは古代ギリシアのユークリッド幾何学から平面なのです。ユークリッドが平面幾何に至ったのは天才的な発見によるのだと思いますけれども、とにかく立体よりも平面のほうが幾何学的には簡単であることは確かです。例えば面積を計算するときに、平面は簡単にできますが、立体だと複雑になります。基本的に小学校算数というのは計算のしやすさでできていますから、計算できるものが指導されているのです。小学校算数の図形では、例えば何でもいいのだけれども、楕円《だえん》や六角形、五つの角の星形は使わないわけです。どうしてかというと、計算が難しいからです。つまり、小学校算数というのは、図形の場合にも最終的には計算に持っていくわけで、幾何学としての複雑な話にはいきません。星形や楕円だとかというのは、微積分を入れないとうまく計算できませんので、小学校算数や、中学でも困るので、使わないのです。また、それは実に古代ギリシアのユークリッド幾何学から来ているわけで、平面幾何で扱う図形の基本は物差しとコンパスで作られる図形というふうに定義が決められているわけです。ですから物差しとコンパスで作れない図形は扱わないのです。適当に書いた図形は、平面幾何の場合には基本的には使いません。複雑なものも積分まで導入すればある程度処理できるでしょう。コンパスと定規を使うという範囲においては、面積などは比較的簡単な公式、計算方式が成り立つということがセットになります。ですから平面を扱うことになります。

ところが、平面というのはわれわれの認識の始まりにおいて重要かというとそういうことはなくて、おそらく立体のはずなのです。それはなぜかというと、先ほど述べたように一つはわれわれの日常場面はほとんど立体でできています。それから、進化論的という大げさな話を急にふれれば、十万年ほど前にさかのぼったときに、平面図形はそう多いはずがないのです。平面図形はありえます。アルタミラの洞窟みたいなところにあって、壁に書くことができます。地面にだって書いたかもしれないのですが、でも普通にあるものは立体です。ですから、おそらく人間の認識にとっては立体が基本だろうと思います。

基本単位としての形

それからもう一つは正円、正三角形、正方形が基本であるということについては、たぶん根拠がないだろうと思います。これも進化論的な話ですが、一〇万年前なりのホモ・サピエンスですけれども、その人類が正方形とか正三角形とか正円、あるいはその立体物としてのボールとか立方体とか、そういうものを身近に持っているか、あるいは見つけられるか、あるいは生産できるか。一〇万年前といったら旧石器時代ですから、黒曜石だとか硬いものを割って斧の先の刃になるとか、そういうのはありますが、それは幾何学的な意味ではきれいな形をしていません。つまり、われわれの図形認識というものがこれらをベースにしているということは、進化論的に非常に考えにくいわけです。

ただ、丸みを帯びたものと線というのは多分基本としてあるだろうと思います。なぜなら、機能的に考えたときに、ボールの形の丸と四角というものが身近にあるとします。きれいな丸ではなくて、適当に作った団子の丸と四角いものが決定的に違うのは、丸は転がるけれど、四角いものは平面ですから転がりません。ですから、平面のものは台にしたりできますが、丸いものはそうではないはずです。また、平らなものと先がとがったものは区別されるでしょう。その上にさらにものが置けるかどうかが変わります。

われわれは近代スポーツに慣れているので、ボールというのは極めて身近です。しかし、人類の歴史で考えると、ボールという存在はそれほど身近なはずはありません。丸いボール状のものはわれわれの身近にはたくさんありますが、遊ぶ以外に使い道はないでしょう。四角いのは容器とかに使いいます。けれども、丸いものはやたらにあると不思議です。かなり近代的な産物ですし、昔は純粋スポーツなどなかったのですから、もっと呪術的な意味などで使ったのではないかとも思います。

基本単位というのは何だろうと考えたときに、特定の丸とか三角とか四角ということについて、その図形自体に決定的な意味があるとはあまり思えないということです。ですから、ある意味では何でもよいのではないかと思うのですが、多くの積み木が大体これをベースにしています。それはどうしてかというときに、これらの形がそれ自体として決定的に重要というよりは、おそらく組み合わせの問題だろうと思うわけです。

組み合わせて結果が残ること

そうすると、組み合わせというのはいろいろあるのだけれども、組み合わせ遊びの基本というのは、ものを置いたときにそれが位置を変えないでくれることであり、そのことが重要です。つまり、ものを置くわけですがその置いたものが残っています。当たり前なのですが、われわれのさまざまな行為の中で、行為の結果が目の前に残るという性質を持ったものは何かということです。

例えば、喋っているとして、その声は残らないでしょう。一瞬響いて、漫画なら吹き出しが出てきますが、現実世界に吹き出しはないわけです。「ドラえもん」の道具に確か「声カタマリン」というのがありましたが。吹き出しは現実には見えないわけです。声というのは必ず消えていくものです。

子どもは走ったり鬼ごっこをしたりして適当に遊んでいます。それはまさに活動しているのですが、鬼ごっこをしていること自体の軌跡、つまりトレースが別に残るわけではありません。例えば走った後にそれこそ漫画ではポッポッポッと煙みたいなものが出て、走った様子が埋まっていきますが、そういうことは現実にはあまりありません。そうすると、われわれの活動の多くというのはトレース（軌跡）は残らないということです（トレースの考え方は東京大学のアフォーダンス理論の佐々木正人さんが展開しているものです）（佐々木正人、二〇〇三）。では、トレースが残るものというと、例えば絵を描くとそれはトレースが残るわけです。黒板でも紙でもいいですが、線を引くと、その線は残ります。筆記用具というのはトレースを残す道具です。ですから、これは人類の歴史上非常に画期的なものであって、トレースを残すことによって保存ということが生まれて、つまり記憶というのも頭の中に記憶することではなくて、記憶が物体として残ることになりました。一万年ぐらい前から五〜六〇〇〇年前にメソポタミア文明が起きたときに楔形文字ができました。そのときに楔形文字の記録を粘土板などに書いて、牛の数か何かを数えて記録を残していたわけです。

そういうのがトレースなのですが、トレースという意味で言うと、積み木はそのものがあるわけだから、まだトレースがあるわけです。一般に子どもの制作物というのはトレースがあるわけです（西崎、二〇〇七）。つまり、何でもいいのですが、料理をすれば料理の跡が残っています。あるいは、編み物か何かすれば編み物の結果が残っています。制作物というのはものを加工する作業ですから、ものを加工する作業というのはすべて結果が残っていくわけです。だから、トレースがあるわけです。トレースがあるものは制作系のものとしていろいろあるわけで、トレースが残るということは特に小さい子どもにとって大事な意味があります。それは、小さい子どもというのは、基本的には記憶力が弱いわけですから、目の前に置かれているということによって行動が展開できるわけです。だから、ものを置くということによって、そのものを置いた結果が出てきます。いくつか積み木を積むと高くなってきて、それで何かタワーを作ろうということになっていきます。ですから、トレースがあるということは、子どもたちの限られた注意力というものの中で大掛かりなものを作ることを可能にする仕組みなわけです。

やり直しが利くこと

もう一つ大事なことがあります。積み木の場合、やり直しが利きます。これが絵とはちょっと違います。絵もやり直しが利くといえば利きますが、基本的には紙に描いたものは消せません。黒板に描けば消せますが、あまりすっきりとは消せません。けれども、積み木というのは置いて、「うん？」と思ってやり直しがいくらでも利くわけです。もちろん、高く積んでしまったものの根っこを引っ張り出して入れ替えるというのはちょっと難しいですけれども、置いたばかりのときにはやり直せます。

ですから、積み木というのは基本的には積み合わせていく作業からなるのですが、その目の前のものに置いたことをいつでも修正できるのです。つまり、修正しながら組み立てるという種類のものです。絵を描く場合、例えばコンピューターグラフィックスで絵を描けば、修正しながら絵を描くということができます。線を引いて、「あっ、しまった」と思えばそれを消してもう一度描き直すことができます。コンピューターグラフィックスを幼児に使わせる試みもたくさんあります。できなくはないのですが、小さい子はあまり消さないでどんどん重ねていきます。ですから、積み木でも実際にはそれほど修正しないのですが、多少はするように思います。

組み合わせること

その上で、もう一つ非常に重要な特徴があります。それは、積み木というのはメーカーによってさまざまなタイプのものがあって、大きさもいわゆる大型積み木から小さい積み木、またここで言っている種類も何種類も十種類ぐらいいろいろなタイプがあるものと、基本的にいちばん単純な積み木は一つの種類の積み木があって、それだけであとは全部それを組み合わせるというのがあるのです。

その一方で、よくあるのは三種類ぐらいのいわゆる立方体と直方体と三角形のものです。大型積み木と称されているものは大体、真四角のものの立体で、それからちょっと長細いものと、正確に言うと通常は直角二等辺三角形の立体版ですが、その三種類が一番置いてありますが、もっといろんな形のものもあります。いずれにしても、この単位は何十種類というものはありません。ブロックみたいな例外はありますが普通はあまりなくて、大体数種類です。そうすると、そういうものでできているということと、それからさっき言ったように基本は平らであるということが重要です。積み木に属している種類のものは、三角と書いたのは実は正確に言うと三角柱です。それから、丸と書いたけれども円柱です。積み木というセットの中に普通は完全な球はありません。なぜなら先ほど言ったように、それは転がって面倒くさいですから。積み木というのは、動かないものがセットとして組み合わされているという性質があります。

積み木の並べ方の実際

そのときに、では実際に積み木をどのように子どもたちはやっているのか。積み木の置き方の観察研究というのが多少あります。これは昔々ゲゼルという一九三〇年代から四〇年代ぐらいに活躍した発達心理学者がたくさんの観察をやっているのです（ゲゼル、一九六八）。そこにいろいろな観察例が出ていて、積み木なども出ています。ゲゼルまでいかなくても一歳半から二歳半ぐらいの子どもがいると、その子たちが持てる程度の家庭用の積み木を与えると面白いのです。

毎日やっているのを見ていくと、だんだん積み木が発展していきます。積み木というのはそれが一個置かれると、その次に行う行動がかなり制約されるように感じるものです。一つの積み木に対して接して置くのが普通です。それは横に置くか縦側に置くかです。四つの可能性があるのですが、あまり方向には意味がないので、左右に置くか前後に置くかが一つあります。それからもう一つは、上に乗せるというのがあって、大体こうすることが多いようです。例えば積み木があったときに、間を開いて適当にポンと置いたらよいのではないかとと言われれば、何でそうしないか分かりませんが、大体は最初はくっつけます。前後・左右か、上に乗せます。最初、まだ置き方が下手だときれいには乗っていないと思いますけれども。

一度横に置くと、今度は、視覚的に横に置くとこれが目立つのだと思うのですが、大体伸ばす動きが出てきます。一日で覚えるわけではなく、毎日やっています。それから、縦に乗せるともう一回さらにその上に乗せることができます。横に伸ばすとか縦に積み上げていくということが、一週間、二週間見ているると起こります。けれども、最初のうちは置き方がそれほど精密ではないので、例えば四つぐらい置くと落ちるのです。置き方が乱暴であったり、いい加減に置くからずれていくので、うまく積み上がらないで崩れるわけです。崩れるのも面白いので、またやるわけです。そのうちに多分、きちっと置くということに気付くのだと思います。そうなると、かなり高く積んでいけるようになります。ゲゼルの観察などでも、そのようになります。ある程度いくと、もう一つの塊《かたまり》を作るというのが出てきます。

また、直方体で長い積み木があります。それは立てることができます。そのうち、立てる置き方もするようになります。それを二つ少し離して立てて、上に長い積み木を横に置くとします。その下をミニカーなどを通すということで見立てが出てきたりします。その形はアーチですが、そこまで来るとだんだん子どもの行動が複雑になってきます。このアーチ型を作れるぐらいになってくると、普通二歳前後ですが、見立てが入ってくるので、少しストーリーとして「これが何に見える」みたいなことと組み合わせていくようにもなります。そこで大人と一緒に遊ぶ中で大人がいろいろ言うからでもあると思いますけれども、ある種の物語性が入ってきます。そうすると、結構複雑な構築物を作るようになります。

単純な動きと複雑な構築物

元の置き方というのを見たときには非常に単純なのです。要するに、積み木を持って、既にある積み木の上に行くか横に行くかなのです。積み木というものは基本的にその操作をただ繰り返しているだけです。ですから、もっと単純な積み木は薄い板チョコみたいなものがあるのですけれども、これだけを使います。積んでいく動きは、進んでいくと、いくつかのタイプが出てきます。一つのタイプは上にただ積んでいきます。特に四〜五歳ぐらいになってくると、少しずつずらしたり、角度を変えて置くようになるので、井桁みたいになってどんどん高くなっていきます。「カプラ」というヨーロッパの積み木は精密にできているので、何段でも積んでいけます。五歳ぐらいならば自分の背よりかなり高くまで積むようになるでしょう。精密にできているから、何段積んでも狂わないから崩れないのです。よくできた積み木です。カプラでなくてもいいのですけれども、そういうしっかりとした積み木だと積み上げていきます。

ただ実際に子どもたちの動作として見るとさほどすごいことをやっているわけではなくて、まったく同じ動作をひたすら繰り返しています。組み合わせ遊びの実際の動作はさほど複雑なことをしているわけではないのです。ですから、数種類の単位となる要素があって、それから動作としては数種類あるのです。この場合で言えば、上に置くのと横に置くのとです。それが進むと、少しずらし角度を変えた置き方が出てきます。それを組み合わせることによって大きなまた複雑な構築物が作れるという構造を持っているわけです。

積み木から複雑なものが生まれ出る過程

要するに今、何を分析してきたかというと、なぜ幼児は積み木が好きかということです。その基底には、幼児の知的能力あるいは運動操作能力はかなり低いのに、複雑なものを作れるような道具だということがあるということなのです。これは、例えば絵でもって同じことをやろうとすると大変です。絵というのは、例えば自分の思うように線を引いて複雑な図形を作らなければいけないのですけれども、そこまでの技量を子どもたちは持っていません。また、単位となる要素となるいくつかの動作で作り上げていくわけです。それに対して、積み木では、子どもたちが最初から何かを目指しているわけではありませんし、はじめは結果がどうなるか予期もしていないでしょう。つまり、どういうことができるかとか、どこまで積もうかとか深く考えないでも、同じことを繰り返していると自然に巨大なものができるようにできているわけです。

もちろん、それは何度かやれば、友達がこのぐらいの高さのを作ったから今度はそれを超えてやるぞとか、そういうイメージを持つ子はいると思いますけれども、基本的には要素となるものを適当に組み合わせているだけなのでしょう。それはちょうど編み物にたとえれば、幼児に編み物をさせるやり方もありますが、編み物とか織物で、特にどういう模様を作ろうかと十分に計画を立てて、こうしてとパターンが生まれるように織っていくことは大人ならもちろんできます。けれども、そうではなくて、何種類かの糸があって、それを適当にある同じパターンで、最初に赤をこうして、次に黄色を、次に青をと繰り返していくと、自然に何かの模様になります。その何かの模様は相当複雑なものになることでしょう。出てくるけれども、その複雑な模様を子どもたちが構想してやったかというと、そうではないわけです。子どもたちがやっているのは、何種類かの動きを組み合わせただけであるということです。

つまり、そこに積み木の面白さがあると思うのです。それ自体の操作は、二歳児にとっては難しいですけれども、四〜五歳になればさほど難しいわけではありません。けれども、それを組み合わせることによって、自分でも思いがけない何か大きなもの、あるいは複雑なものを結果的には作ることができるということです。これが積み木の構造なのだと思います。

積み木の種類によって、例えば大型積み木というのは大人でも扱いにくいものです。中は空なので軽いのですけれども。大きなものから中ぐらいのものや、もっと小さいものと大きさによってとか、あるいは木でできたものもあるし、プラスチックのものもあるし、ウレタンみたいなのでできているものもあるし、そのものの大きさとか素材の性質によって、実際の動作は少しずつ違うわけです。ただ、そのセットに応じて大体、基本動作は決まるということが重要だと思います。

さて、そういうような積み木だとして、それが幼児にとって向いている、あるいは幼児にとって面白いものということは分かったと思います。これが、例えば小学生とか大人になると、積み木はそこまでは面白くないようです。最初に言ったブロックを大人がやると、どうしてもいろいろな基本単位以外のものを入れたくなるのです。それは、基本単位だと所詮できるものが決まっているので、大人の構想力にあって、こういうものを作りたいと思うところでは、物足りなくなるのです。そもそもれ以前に、小学生は普通積み木はあまりやらないでしょう。ごっこ遊びにしても、幼児はそのように作った積み木の中でごっこ遊びをしますが、小学生というのはもっとリアルな、「シルバニアファミリー」とか「リカちゃん人形」とかを使います。それらは、リアルにできた部品みたいなものです。ああいうところで遊ぶのはあるのだけれども、積み木みたいな遊びはあまりしないようです。

積み木の抽象性と面白さの構造

積み木というのは一個一個がすごく抽象的です。美しいのだけれども、まさに四角とか三角とかそれだけです。それに対して、例えば、ドールハウスのようによくできた椅子だとか机だとかベッドだとかの模型みたいなのに比べると、本当に一個一個愛想がないものです。それがどうしてそんなに面白いのか。子どもは一個一個に興味を持っているわけではなくて、その組み合わせで大きなものを作れるという達成の喜びがあるからです。これが二〇世紀に世界中に広がったということは面白いことだと思います。多分、それ以前の子どもたちは、積み木に類した経験はしていないことでしょう。だから、別に積み木というのは人類普遍のもので、幼児期には積み木を絶対やらなくてはいけないなどということはないわけです。一九世紀以降の産物ですから。けれども、結果的にこれは文明社会の所産なのですけれども、それがこれだけ広がったということは何か深い発達的な意味があるに違いありません。結果的には、これが子どもたちにとって、とにかく組み立てるということについての面白さというものを提供したわけです。これが幼児にとってどういう意味を持ち得るかを広く考えてみたときに、もう一度一九世紀における構想に戻り得ると思うのです。

それは何かというと、最初に書いた基本単位というものが組み合わせられるということです。逆に、大きな構築物は基本単位に還元できるということです。単位物とそれらが組み合わさることで大きなものになるという関係です。これはある種の部分全体関係です。

部分全体関係というのはいろいろなところで重要な意味を持っているのですが、例えば四角があったときに、それは適当に分割すれば全体という四角の中のこれは部分であるというふうになっているわけです。例えば、これは算数で言うと、五足す三は八というふうにこれはいろいろなふうに解釈できます。一つの解釈は、全体は八であり、一つの部分が五であって、もう一つの部分が三であるということです。だから、足し算というのは部分と部分を併せて全体にする操作であると言えるわけです。これに類したことなのですが、そのときに単位は部分なのです。結果的にできるものは全体なのですけれども、単に単位が寄せ集まったものではないわけです。単位の特定の組み合わせによって全体ができるのです。

例えば、積み木を積み上げて、タワーになったとします。全体はこの小さい積み木から成っているのですけれど、単なる寄せ集めではなくて、全体としてはタワーというものです。ですから、小さい積み木というものと、そこから生まれる全体的なパターンというのは違うものです。つまり、ここで扱っている部分は全体なのだけれども、その部分の持っている性質と全体が持つ性質というのは、がらっと違うものです。タワーになるものを積み上げていっているわけではありません。もちろん、最初のころはもともと高いものをいくつか積み上げてタワーにしているだけです。つまり、二歳児がやるようなタワーというのはもともと高さというか厚みを持った積み木を五〜六個積み上げてタワーにしています。けれども、五歳児がやるようなカプラを使ったものは、タワーにするには、薄い板チョコみたいなものをたくさん使うわけです。もとは五ミリかその程度の薄いものなので、高さはあるようなないようなものです。そういうのが積み上がっていくという感じです。ですから、もともと高さを持ったものを幾つか積み上げるというのは確かに幼児の小さいときにあるのだけれど、だんだんもとの単位の持っている性質とは相当違うものが全体として生まれてくるのです。

積み木の持つ創発性

組み合わせなのだけれども、そこに生まれてくるものに新たな性質があるとき、エマージェントとか創発的と呼びます。エマージェントという性質は、システム論で使う言い方ですが、要するにもとの単位を見てもどこにもそういう性質はない。それが組み合わされていく中で、そこから新たに生まれてくるのです。しかもそれは、その組み合わせの中から生まれてくるのです。つまり、見立てでタワーとは呼ぶのだけれど、高いということ自体は組み合わせの中に戻すことができないのです。強引にそこら辺にあるものをタワーと呼んでいるわけではありません。タワーらしいタワーになっているから、タワーというわけです。だから、そういうエマージェントな特質を子ども自らが作り出していくわけです。

つまり、自分が組み立てることによって新たな特質を生み出すこと、しかもそれは必ずしも最初からの構想やイメージにあって、そういう設計図に基づいて作っているのではないということです。そういうものに立ち会うことができるという経験だと思うのです。そういう意味で、ものを組み立てるということは幼児期において特別な意味を持っている、独自な経験であると言ってよいのです。

ブロック遊びの場合

ブロック遊びを見ていると、幼児はブロックであんまり大きなものを作らないようです。ブロックで武器や遊ぶ道具を作ったりします。ブロックではただ積み上げていって、結果的に何か出てくるという感じのことはあまりないようです。だから、ブロックの場合には小さいものを、こういうものを作るとイメージして作っているケースが多いのです。ブロックは多少技量が必要なので、それが使える年齢だと見立ての能力が発達してきている可能性もあります。

積み木でも、カプラとか大型積み木などをうまく活用できるのは年長ぐらいのようです。それとまた三歳向け、二歳向けの小さくて軽いものも別にあります。だから、積み木というのはいろいろな種類を組み合わせることで、大体幼児期全体をカバーできるようになっています。それに対してブロックの方は、種類にもよりますが、例えば、三歳ぐらいの場合にはレゴの小さい子ども向けのものがあります。やや一つ一つの単位が大きめになります。レゴではない日本製のいろいろなブロックはわりと易しいものが多いようです。一個が大きくて、あまり力を入れずに作れるようになっています。だから、二〜三歳でも使えるブロックもあるし、四〜五歳やもっと上の年齢向けのものもあります。そういうものを十分与えれば、それぞれの年齢でそれなりに遊ぶのではないかと思います。

では、なぜ積み木の方は一個一個を単純にして全体を作るようにしているのかはよく分からないのですが、多分ひとつは、ブロックの方がカラフルになっていることが多いので、色に意味が出てきてしまうとか、一個一個の形に意味があることが多いのです。積み木というのは、基本的に余分な色がないし単純な形になっているので、一個一個を見立てようとしてもあまり見立てられないということがあります。

だから、ブロックは、メーカー側の構想がすぐ組み合わせて意味あるものを作れるようにという感じにしています。それが必然的かどうか知らないけれど、少なくとも売るためにはそうしているのだろうと思います。積み木のほうはわざわざそうしなくても売れるからかもしれませんが、昔からの伝統的スタイルでやっています。そういう違いかもしれません。

積み木の色や大きさ

色が着いているのは木の積み木にもありますが、それは特定の形に構成する遊びであることが多いようです。また、ウレタンのような柔らかいものでカラフルにしてあるものがあります。小さい子だと落としてもけがしないようにというので、使う場合があります。それは色が容易に着けられるからでしょうが、多彩な色にしています。ただ、その色に子どもたちは意味を見出してやっているかというと、あんまりそのようには見えません。色を無視して作っているようです。組み合わせるという動きのほうが中心になるのだと思います。

子どもたちの手の大きさと積み木の大きさの割合について使いやすい関係はあるのかといえば、おそらくそうなのでしょう。例えば三歳児と五歳児という具合に対比すれば、三歳の子は非常に手が小さいですけれども、といってあまりに小さいカプラなどは三歳だとちょっと難しくなります。小さすぎるのでしょう。つまり、小さいと何が問題かというと、面白い形になるまでに手間と時間がかかります。だから、かなり辛抱強くやらなければいけないのです。例えば、先ほど述べたように、手頃な大きさの立方体の積み木だと、五〜六個使えば結構タワーらしくなります。それが薄いものだと、かなり辛抱強くやらないと、実は高くなりません。だから、その辺はやはり五歳だとある程度先についての期待や予期が経験を通して生まれているでしょうし、根気もあると思います。しかし、三歳ぐらいだったら、普通すぐに面白くならないと飽きてしまいます。

ですから、三歳のような小さい子には、手ごろな大きさを選ぶ必要があります。それに対して年長ぐらいになると、極めて小さいものと逆に大型積み木と両方に分かれてきます。精密なものというのは大体小さいものをきちっと作っていきますが部屋いっぱいに広げてみたいなときに大型積み木で基地を作るといったことが出てきます。

恩物からの展開について付け加え

恩物は、同じ積み木がたくさんあってそれを延々と組み合わせるということではないのです。積み木の数は少なくて、特定の形を作ったら終わりとなっています。それはモンテッソーリの教具とも似ています。特定の形を構成することが求められている遊びです。それに対して、二〇世紀に広がった積み木というのは、とにかくやたらに同じものが数あるのです。そういう方向にどんどん発展したのです。これはもちろん、工業生産が発展して、まったく同一の形を低廉で生産可能になったということももちろん関係しているでしょう。ですが、思想の変化みたいなものが背景として働いているのではないかと思います。詳細な歴史的な証明は今後の課題ですが。

なお、恩物以前にまた恩物と並行して他の種類の積み木に類したものがあったのかどうか。おそらくあったでしょうが、一九世紀半ば以前に工業技術的に精密なものを多量には作れませんから、あるいは作っても高くなるでしょうから、一般的にいうと、使われていなかったでしょう。積み木だって工業製品で、その前は手作りだからすごく高いはずです。そんなものが一〇個も二〇個も一〇〇個もあって自由に子どもに与えるということはあり得ないわけです。だから、いつどのぐらい普及したかははっきりしないところがあり、やはり今後の研究課題になると思います。

第6章——ごっこ遊びの分析

この章ではごっこ遊びの分析を行います。ごっこ遊びというものが幼児の場合にどの程度物語的なものなのかという問題を考えていきます。

ごっこ遊びの分析研究の行き詰まり

ごっこ遊びの分析というのはこれまでわりと研究は多いと思いますけれども、研究の流れとして見ると、相当行き詰まっていると思うのです。いくつか難しさがあるのです。基本的にごっこ遊びの分析というものはもちろん通常の幼児の活動と相互作用として分析することはできますけれども、ごっこ遊び固有の問題としては、ある種の劇としてとらえていると思うのです。そうすると、その劇というものは例えば台本があって、ある種の筋書きがあり、登場人物がいるわけです。ある舞台設定があって、その下でせりふとト書きに相当するアクションを示すものがあるということになります。そういった分析の流れというのが一つあるわけです。それがどの程度できるとかできないとかということです（ガーヴェイ、一九八〇）。

もう一つの流れとしては、その中の特に「見立て」に注目するものです。見立てというのはそこでは二つの面で起こるわけです。一つはそこにいろいろなものがあるわけですから、そのものがおうちであるとか、何とか基地であるとかと見立てます。もっと個別には、特定のものが武器であるとか、料理のための道具、包丁とか何とかであるというふうに見立てるわけです。もう一つは役割があるわけですので、人間を別なものに見立てています。お母さんの役であるとか、赤ちゃんの役とか、ペットの猫の役とか、そういう見立てがあります。そうすると、その役割にふさわしい振る舞い方をするということになるわけです。当然そこには年齢に応じた出来具合というものが考えられます。

実際のごっこ遊びの観察

実際に幼児のごっこ遊びを観察していったときに、どういうものが起こるのかということを見ていきます。

一つはそういった劇として成り立っているかどうか以前のことが結構多いということが、まず指摘できます。多くの遊びで組み立て部分というものに相当ウェイトがあります。例えば、ごっこ遊びをするのだけれども、そのごっこをするために積み木でおうちの形にする。あるいは、役割設定でお母さん役とか猫役とかを決めるという交渉をする。そういうところに主として時間とエネルギーを使うわけです。これは組み立てからある種の見立てにいくところでの作業をやっています。

もう一つの注目できることは、さまざまな現実に起きたことの再現の問題です。特に小さい場合には、例えばお茶を飲むというときに、急須にお湯を入れて茶碗に注いで飲むまねをする。そういう一連の流れがあるのですけれども、それを多分子どもたちは日ごろの生活の中で見ていて、それを遊びの場面で再現するということがあります。実際にはそういった再現とともに、さまざまなテレビとか絵本を見ているので、現実の場面の再現というのと、もう一つは、テレビの「何とかレンジャー」など、その種の登場人物なり何なりの特徴的な動作やせりふを模倣していくというのがあります。

劇としてのごっこ遊び

こういう観点から果たして劇としてのごっこというものがあるのかと考えたときに、もちろんあり得るのですけれども、それほどきれいなかたちであるわけではないと思います。これは正確に言うと、多分年代をいつごろぐらいまで見るかということによって変わります。幼児期の五〜六歳ぐらいまでを取ったときに、さほど大掛かりな劇的な遊びというものが、実際には生じてはいないのではないかと思います。その子たちがどの程度そういうことができる能力があるかということについて言うと、それはなかなか検討が難しい問題ですけれども、少なくとも幼稚園・保育園という場面でいうと、なかなかそういうことは起こりにくいのです。

それは現実的制約が一つはあって、どうしてかというと、一定の時間しかありませんから、その中でやれることとの限界があります。それから、幼稚園・保育園というのはしばしば邪魔が入るわけです。ほかの子が入ってくるとか、いろいろなことが起こりますので、始めから終わりまでの完成品というのはなかなか作りにくいということがあります。また、その組み立て・見立てという部分がわりと重いと言いましたけれども、それは逆に言うと、そういったごっこ遊びをする設定自体が舞台なのですが、それが最初から与えられていることは少ないという条件があります。そうでない条件というのは、例えばごっこ遊び用の道具がたくさん用意されていて、すぐに使える場面です。子どもの仕事場面になっているような施設「キッザニア」などでは、美容室とか病院とか消防署とか、要するに実際の仕事の場を再現しています。子どもがそういうユニフォームを着て、ごっこではありますが、再現して活動できるわけです。極めてリアルな場面ですが、そういうのが用意されている中でやれば、リアルなドラマを展開するかもしれません。

また、いま分析しようとしている幼児の遊びと、例えば小学生がお人形を使ってやる種類の劇遊びというのは、相当質が違うだろうと思います。リカちゃんハウスとか、「シルバニアファミリー」では、小さい家具がたくさんセットになっていて、それを動かして遊ぶわけだけれども、そういうのを小学生の特に女の子はやると思うのです。そこでは、結構手の込んだドラマをつくる子たちもいます。男の子たちはそういうことをやるのかというのが、実はよく分かりません。小学生の場合、極めて性差が大きいのです。男の子たちは例外はもちろんあるにしても、多分その種のものはやらなくて、どちらかというと多分テレビゲームとスポーツにいくのかなと思っています。もっとも、テレビゲームは制作者の側のファンタジーが提供され、プロスポーツなどの観戦では空想が投影されて見る側は楽しんでいるでしょう（詳細は、シンガー&シンガー、一九九七）。そういう頭の中で空想する活動というものが、たぶん小学校高学年ぐらいから本格化します。それは、すべての子どもがやるかというと、必ずしもそうではないわけで、個人差が大きいかもしれないのですけれども、ひそかにやっていることなので、あまりよく分かりません。ここでは、その元としてのごっこ遊びというものがあるだろうということです。ですから、人間が持っている空想という働きというのは一体どこから始まるのだろうという問いかけをしているわけです。

幼児期について言うと、そういったかなり完成されたドラマというものに至っていないわけなのです。そうすると、一つの分析の仕方としては、もちろんそういった物語とかドラマの未完成版として分析して、どこが不足しているかという分析のやり方があります。しかしそうではなくて、幼児期にやっていること自体を見ていったときに、ちょっと違う見方ができるのではないかということなのです。いくつかの特徴があると思うのですが、それを取り上げてみたいと思います。

幼児のごっこ遊びの特徴

一つは断片性と私は呼んでいるものです。実はそれほどまとまった筋というものは持っていないのではないかということです。むしろ、ごっこ遊びの展開は断片的なものによっているのではないかと思います。そのときどきのある種の即興的思いつきの働きを指摘する研究者も多いのですけれど、即興性であるとか、ある種の身体的身振りや動き方がその都度の展開を可能にしていると思うのです。

身体性というのはかなり定型的です。その定型性と即興性の絡み合いみたいなものがあるのではないかと思います。これが一つの特徴だろうと思うわけです。定型的というものは、典型的にはテレビ番組での描き方ですけれども、何とかレンジャーの類の特徴というのは、ある種の特定の身振りを持っています。ですから、歌舞伎の見得を切るというように、それぞれの役柄に沿って特定の身振りのパターンがあって、それは単純なものです。もちろんテレビ番組として意図的につくっているわけで、模倣しやすいかつ役柄に固有の特徴というものをつくるわけです。それはある身振りとか服装なのです。服装とか胸に付けるバッジとか何とかということで、もちろん商売に結び付けるためにやっているのですが、ある特定のせりふとか、声の出し方とか、手の振り方とか、体の動かし方というものがあります。それをすればある役柄になるということです。それは大体において比較的短くて、文脈とあまり関係なく使えるようになっています。それは模倣的なものだからだけれども、そうでないにしても、例えばままごと遊びをするときに、お母さんとかお父さんとか赤ちゃんという役柄があります。そうすると、赤ちゃん役を与えられると、だいたい寝ていて、ギャーッと泣くまねをするとか、お父さん役になると、それは家によってさまざまだから普遍的ではないけれども、例えば「行ってきます」と出かけるとか、お母さん役なら料理をトントンと作るとか。あるいは、猫の役を与えられた子は大体四つばいになって「ニャー」と言うとか。そのように決まっているわけです。

そういうかなり定型的な動き方があって、それは幼児にとって使いやすいわけです。つまり、特徴が明確です。覚えやすいし、周りからそれらしく見えやすい。記号性が高いのです。文脈性が少ないことも重要です。周りから切れていてそれだけを使えるようなものとしてある、ということです。ですから、幼児のごっこ遊びというのは、基本的にはそういった断片を並べていくものであろうと思います。全体としてのドラマを生み出すということは、つまりそこではあまり可能ではないわけです。つまり、一つの動きをする。そして次の動きをする。で、またこうするとなっていて、その間にどうつながっていくかというときに、この間のつないでいくものというものが明確にあるためには台本が必要になるのですけれども、その台本というのは当然ながら誰も持ってはいません。つまり、幼児のやっていることが劇遊びだとすると、その劇というのはある種の即興劇です。かつまた、数名でやっているのですから、相互作用的につくっているわけです。それがちゃんとした劇だとすると、すごく現代的なのです。なぜなら台本なしにその場で即興的につくり上げるドラマだからです。まるで前衛的というか、現代的というか、そういうように聞こえますが、実は、実際に極めて現代的なものかというと、もちろん幼児は現代的思想を持っているわけではないし、構想を持っているわけでもないし、そこに何か貫く理念を持っているわけでもないし、何か伝えたいメッセージを持っているわけでもありません。

何よりこの劇には観客は通常いませんので、自分たちが演じているわけです。その場でつくり上げながら演じているのだけれども、そこではおそらくここでやったことは次に影響していくと思うのですが、もっと前のことまでは多分覚えていないと思います。劇作家が一時間のドラマをつくるときには、布石があって、最初に起きたことがずっと後のほうに響いてくるということが十分考えられると思うのですけれども、基本的にはそういうことではないだろうと思います。ですから、短い期間でこれが起きて、それでもちろんこれの次にこれということは無関係ではなくて、何かつながっていると思うのだけれども、そういうものとして次々に生じていくわけです。もし仮にある一貫した筋があり得るとしたら、積み木遊びの場合と同様に、ある種の設定なりトレースとして、そこにものとして残るものがあるのです。そのものによって筋が支えられます。例えば子どもたちがよくお姫様ごっこをするのに、お姫様らしい衣装を着てみるとか、あるいは「キッザニア」ではないけれども、おうちらしいものにするとか、それから幼稚園によってはままごと遊び用のセットが置いてあって、おもちゃのだけれども台所らしいセットとか、木でできたキッチンとか、あるいはまな板・包丁と肉とか野菜のプラスチックとか布でできたものが置いてあるとかいう場合もあります。いずれにしても、そういったものがあると、それによって子どもたちの活動が支えられるので、つまり私たちはお姫様ごっこをしているんだとか、私たちはままごと遊びをしているんだということが喚起され続けるわけです。

何とかレンジャーをやるためのマントみたいなのを着けるとか、仮面を付けるとか、剣を作ってそれを振り回すとかというときには、ものによって支えられることによって継続していきます。こういうスタイルだけを見ていくと、現代的という感じがするわけです。筋が明確でないので、一貫性ということについて子どもたちは責任を持っていません。飽きたらやめてしまうし、ときどき役割を替えます。替えるのか忘れてしまうのかはっきりしませんが。何より目標というものが明確ではないのです。実は古典的な物語、物語らしい物語というのは、基本的には目標に向かう行為なのです。

目標に向かう物語

最も単純な物語の原型というのは、主人公がいて、この主人公が目標を持つ。そして、目標を達成するにはその間に障害がある。こういう構造です（内田、一九九六）。そうすると、最初に設定があって、主人公は目標を持つ。目標を持つということは、逆に言うと目標が満たされない状態ということで、満たされない状態があっても、手を伸ばしたら瞬時に満たされたのなら、始まったと同時に物語は終わってしまう。そうすると困るので、障害が必ずあるのです。その障害を何度か乗り越えて目標に達して、めでたしめでたしとなる。これが非常に古典的な物語なわけです。この古典的な物語の型がすべてであるかとか普遍的かということは、この物語分析の中ではもちろん大事なことなのですが、少なくともこういうものが非常に分かりやすいことは大事です。

子どもたち向けの物語絵本を見ればこういうものが大半を占めることが分かります。例えばお城にお姫様がいて、助けなければいけない。間に竜やモンスターが出てきて、やっつけて、お姫様を助けてめでたしめでたしとか。あるいは、もっとささやかな筋書きでも、絵本の『はじめてのお使い』などでは、お母さんに「お使いに行ってきて」と頼まれたら、途中でお金を落としたとか、店の人が相手にしてくれないとかがあり、でも、それを乗り越えて、ちゃんと買い物をして帰ってきてめでたしめでたしというものです。見かけはすごく違うようですが、物語構造は同じなのです。こういうものに、われわれは典型的に物語らしさを感じるものです。古典劇というのは、実はこれと少し違うところがあって、しばしば悲劇になるのと、それから主人公が通常一人ではなくて対立する関係をそこに入れるということがあったり、ここがちょっとややこしいのですが、いずれにしてもこういう目標構造を持っているわけです（なお、目標構造を明瞭に持たない類の物語絵本も結構あります。その分析は別な機会とします）。

それに対して、子どもたちが自分たちの力でするところのごっこ遊びというものについては、通常、目標構造というのは乏しいわけですが、ゼロではありません。つまり、次の目標というのは、例えば、ある子どもがけがをしてしまったというので、けがした人になって、「救急車が来たよ」といって助けてあげる。救急車が来ると、通常救急車がその子を担架か何かで運んで病院へ行って手当てをするという流れができます。これはある種のスクリプトという定型的な台本があるので、そういうある種の行為連鎖というものを呼び起こします。ですから、そういうものの場合にはとにかく病院で治療を受けるというまでを、そこに向かって行為が進行するということはあります。ただ、基本的には行為の継起であって、これが次を起こすというかたちをとるということだと思います。

では、その連鎖はどう起きてくるのか。これは登場人物のやっていることだとしても、子ども同士での相互作用なのですけれども、しばしば子どもたちは設定を見ながら、あるいは相手とのやりとりの中で次の行為を生み出すという関係を持っています。この辺に先ほど言った即興性というのが入ってくると思うのです。つまり、次に何をしようかというとき周りを見回して思い付いたことを次にやる。で、また周りを見回して次をやるという中で、即興的な動きというものにならざるを得ません。ですから、定型的な動きがあることと即興的な動きがあるということは、一見矛盾したように見えますけれども、実は定型的な動きというものの連なりにおいて即興性が入っていくと見てよいのではないかと思います。

ごっこ遊びの虚構と現実

このようなごっこ遊びだとして、どこが面白いかというとなかなか答えるのが難しいのです。そこに通常の遊びではない独自な活動のあり方が生まれるわけです。それは何なのか。見立てにしても再現にしても模倣にしても、その場には起こり得ないことを起こしているわけです。それは本物ではなくて、連想によって本物とつながるようなことをやっているのです。例えば、けがをした子どもを病院に運ぶというときに、大抵はある種の再現ではあると思います。つまり、何かの映画で見るか、絵本で見るか、あるいは実際に体験する場合があります。子どもがけがしたり何かして、本当に救急車で運ばれたとすると、幼児は大体自分が体験したことを身体的活動として再現しますので、病院に連れていかれたとか予防注射を打たれたというと、翌日か何かにそれを再現するわけです。その再現にはある種の意味処理が背景にあるでしょうけれども、ともあれそういうことをします。元はフィクションか現実かはともかく、何らかの意味でそのこととの連想的なあるいは経験的なつながりの下でそれを実施しています。けれども、それはもちろん本物ではありません。

そこに二重の関係があるわけです。つまり、一方で現実というものがあって、もう一方に虚構事態というか空想事態があるわけです。ごっこ遊びの場面は現実とのつながりを持っています。実際にけがをして救急車で病院に行ったのかもしれない。ですから、その現実場面をある種の空想において再現はしているわけです。この空想的再現というのは二つの方向を持っています。一方でここで分析しているように眼前の状況があり、そこで根ざした行為です。つまり、子どもたちは頭の中で空想を展開しているわけではなくて、けがをした子どもを病院に連れていくというごっこは、実際にある特定の子どもが「痛い、痛い」などと言って、その子を担架みたいなものに乗せて運ぶという、具体的な物を使い、道具を使って、実際に体を動かす現実の行為です。ですから、この眼前の状況の中の行為なわけです。もう一方は空想です。空想ということはあるイメージの世界なのですが、それはある種の表象なのです。ただ、それは別に頭の中でしっかりと表象していなくてもよいので、「あのことである」ということが成り立つようなことです。「あの救急車で行くあのことね」ということです。それをふつう、幼児教育では「イメージする」と呼びますが、そのイメージというのは頭の中に明確に映像としてあるとか、言語的記述として明確にあるということを言っているわけではなくて、要するに「あのことだよ」というような指示ができることだと思うのです。

つまり、ごっこ遊びにおいて子どもは実際に物を使い体を使う具体的な行為をしながら、同時に遠くにある「あのこと」をしているといわば指差しているわけです。そのことをこの一瞬の行為の中で行い、またいろいろ見ながら次のことをするというような流れとして成り立っている、こういったものがごっこだとします。それがいわゆる空想ということとか、さらに構想と言っているのは、将来起こるべき何かをそれこそイメージして、それに向けて自らの行為を組織化する計画的行為のことを言っているのです。そういうところにどう転じていくのかということです。

空想の自立性

小学生ぐらいになったときに、空想のある種の組織化といったことが起こります。それは、プロ野球で言えば、ジャイアンツの例えば一番の選手から九番の選手までのオーダーを考えるとか、ピッチャーはどうだとかという、かなりしっかりした構想です。あるいはリカちゃんファミリーで言うと、リカちゃんがいて、お母さんがいて、お父さんがいてという家族構成とか仕事とかを組織的に考えます。そういうものになってくると、それはしっかりした空想世界になるわけです。小さい世界をつくり出す。ここに空想の自立性というものが生まれてきます。空想世界というものがそれ自体として存在するようなかたちで空想する。それはかなり組織性を持っています。小説が典型的なのですが、完全にフィクションの中に登場人物がいて、登場人物の自宅があって、ある世界設定があって、そこで人物が動いているわけです。

もちろん、こういうものを自分で全部つくる子どもも多分いるけれども、同時に現代社会というのはこの種のものが多量に商業化されて提供されています。小説とか漫画とかテレビゲームは全部そうで、これは商業化されたものとして、つまり作者がいて販売されて与えられている。大人もそうですが、子どもたちはそれを消費しているわけです。つまり、自分でゼロからつくるということは少ないでしょう。そういう子どももいるとは思いますが、非常に少ないはずです。多くは提供されたものを楽しむ。中には提供されたものを素材として独自のものをつくるということがあります。何かの小説に、自分なりの空想世界で、例えば自分なりの野球チームとか野球リーグをつくって、そこで毎回いろいろ想像して、優勝チームを全部自分でつくるというようなことが書いてありました。

例えば大学生たちに聞くと、恥ずかしいからかあまり言いませんが、ときどきそういう人がいます。小さいころに寝る前にいつも空想して、空想の世界が決まってて、必ずこういう人とこういう人が出てきて、毎晩話が展開していく。そういう、将来小説家になれるような人たちというのはいるのですが、多分、そう多くはないと思います。大部分の人はテレビドラマで、来週どうなるかなどを楽しみにしています。テレビドラマというものは一週間に一回ずつですから、あるいは朝のテレビ小説は毎朝ですが、それは空想を代理してくれていて、それを提供してくれます。それはずっと楽なわけです。

目標指向性の発達の経路

目標指向性については、多分少し発達の経路は違うのではないかと思うのです。目標指向性というのは現実世界で十分起こるものです。例えば園で言えば、「今度の生活発表会のときにクラスで出し物をつくらなければいけないのでみんなでやろうね」とか「今度は展覧会でみんなで作品を出すから作ろうね」というのは目標を与えられるわけで、それは現実です。それに向けてどうやるのかを考えて進めねばなりません。

ちなみに、古典的なドラマは主人公が目標を持って障害があることになっていましたけど、これは特に映画などは通例二時間で終わるわけだから、こういうスタイルが多いのです。特に冒険小説風のものというのは、最初に主人公が危機に陥ります。主人公は例えば火事になったビルの中にいて逃げなくてはいけないとか、水でいっぱいの船から脱出しなければいけません。主人公はとにかく生き延びるということが目標で、そこに障害があって、二時間で生き延びてしまう。けれども、例えば朝のテレビ小説の目標は何だろうというと、最後に主人公が活躍して元気になるとかなのでしょうが、あれはどちらかというと毎日だらだら続くので、空想世界というのがしっかりできていて、いつもの人が出てきていつものことをしています。この人たちの目標は何かとは言い難いところがあります。人生とは何だというのと同じ感じであるわけです。ホームドラマの類はどこに目標があるかというとありません。小さい波立ちはありますが、私たちが見ているのはその変わらぬ世界を見ているわけです。ですから、実は古典的な劇はこうだと構造を紹介しましたが、実はそう簡単ではないのです。いつもの世界があって、そこで小さな展開が連なっています。

こういうところにおそらく小学生のどこかでは到達していくのではないかと思うのですけれども、その前の時期としてはまだそうではありません。ただ、そこに至る芽生えはあったわけで、先ほど分析したように断片性を特徴としていると思います。そこに例えばいつも出てくる設定とか、いつも出てくる人物というものがある程度出てくれば、なじみの世界での展開というところに近付いてくるでしょうし、「こういうことを目指そう」となってくれば目標指向性が出てくるのです。通常の幼稚園・保育園の環境の中で考えると、そういった指向性は出にくいようです。おそらく今の保育のシステムの中では、こういったことが商業化された物語に任せるという方式になっています。良い悪いを言っているわけではありませんが。

空想世界の成立とは

この種のものを自分で空想するということについて調べようとすると、大人はもちろん子どもでも恥ずかしがると言いました。それはどうしてかというと、たぶんそういう人は「危ない人」だと思われるからです。例えば五歳の子がこういう空想をしょっちゅうしているとすると、かなり問題のある子になるわけです。あの子はしょっちゅう一人でぶつぶつぶやいて何かやっていて、「カウンセラーに相談しなくては」みたいになってしまうかもしれません。あるいは数名で遊んでいるといつも役が決まっていて、毎日話が展開しているというのは、能力としては素晴らしいような気がしますが、やはり普通は心配します。どこへ行ってしまうのかとか、この現実から離れすぎていないかと危惧するのでしょう。

たぶん商業化された物語というものは、一定時間で終わるからだと思います。映画は二時間で終わって、テレビドラマはしょっちゅうやっていますが、毎日のものは一五分だし、一週間に一回であっても四十何分で切れます。もちろん、ビデオに録って何度も見る場合も特に幼児ではありますが、そこで済むからです。ですから、三歳の子が「アンパンマン」が好きだというと、みんなほほえましいと思うわけですが、仮に「アンパンマン」の世界に浸り込んで毎日何時間も「アンパンマン」の絵本を読んで、次々に「じゃ、もう一度何だのかんだの」と、キャラクターが何百かあると思うのですが、順番に見ていって、まして、それらのキャラクターをそらんじられるとなると、テレビにタレント性のある子どもとしては出られるかもしれませんが、いささか以上に行きすぎではないかと多くの人は思いがちではないでしょうか。

世間の良識ある大人は、やはり基本的には現実世界に住んでいるわけで、空想というものはある範囲に留め置くわけです。ですから、文学というのは、ある意味では空想を花開かせるものなのですが、別な面では、空想をある枠に押し込めるものです。安心してそこに空想が展開できるのですが、その代わり文学の外に空想を出すなという暗黙の命令がそこに隠れているわけです。幼児の場合にはそういう境界はあいまいですから、現実の中に空想が漏れていくわけで、それはどういうふうに制御されているのかを考えたいのです。

幼児は能力が限定されているのであまり十分に展開できません。記憶力もあまりありませんから、断片というものが連鎖的につながるというかたちになっていて、しかも設定に依存しているので、この設定をつくってそこでやりとりして、それが何かで切れたり、設定が崩されれば、その空想は消えるわけです。ですから「キッザニア」みたいな設定というのは、博物館だからいいのです。あれがそこら辺にあると、すごく危ないと良識の側は感じることでしょう。家の中に「キッザニア」が用意されていて、いつも消防士の格好をしているとかというと、ちょっと危なくなるわけでしょう。日常生活はそういうものを断ち切っているからです。そのように考えてみると、こういう空想性をどう育てるかということと、空想性をある文化的なスタイルの中で制御可能にしているかという仕組みをわれわれは持っているわけです。

空想性の育成と制御

そのツールというのは、今の議論の展開で言うと二つあります。一つはこういう設定を使う中での断片的な展開の中に培われています。もう一つは物語絵本を代表とするような文学作品のものとして培われています。それがドッキングした中でひそかに展開する世界というものは、小学校の半ばぐらいから隠れた世界になっていくわけです。ですからその一部の人たちは、頭の中であるいは自分の個室の中でひそかに展開されるわけです。

われわれ大人はパブリックとプライベートとを分けて、プライベート空間において何をするかは自由であるというかたちで処しているわけです。しかしそれはパブリックには持ち込まないでいます。パブリックというのは皆と一緒の空間です。つまり、小説とか映画とかテレビドラマとか、あるいは最近はテレビゲームをある程度語ることができます。アニメでもよいでしょう。いわゆるどんなオタクであっても、それはある種のパブリックなのであって、つまり、特定のアニメが好きなファンが集まるしかないわけです。どんなにオタクが進んでも自分独自の世界を持っている人が他の人と語ることはできません。理解できないし、お互いに気持ち悪いと思うのではないでしょうか。会社の同僚が、「昨日空想していてこういうことを思って、さらにこういうことになったんだよ」みたいなことを語られても困るわけです。それはでも、テレビなどのタレントの話題や夕べ見たドラマの話ならば、一応許されるわけでしょう。

という具合に、われわれは空想という世界を自分たちの大人の世界の中に位置付けようとしているのですが、幼児の場合にはそうでもありません。何度も述べていますが、幼児においての空想的展開というのはすべて見える世界に置いていて、全体としての筋書きは理解しようがないのですが、断片性においては理解しやすいという仕組みになっています。このことが幼児の空想遊びを展開しやすくしているのですが、同時にある種の公共性というか、ほかの人と通じるような世界の中に持続させていると思います。

ごっこ遊びの分析の困難

幼児のごっこ遊びの分析というのが、どうもあるところで本当に行き詰まったのです。本章のはじめに述べたように、過去二〇年間極めて研究が少ないのです。一九九〇年前後ぐらいまで活発になったのがそれ以後非常に少なくなったのは、完全に研究をやり尽くしてしまって行き詰まったからなのです。それをどう打破するかというのが第一の課題なのですが、もう一つは、空想性というものは人間の本質的な働きのはずだと思うのですが、それをまともに分析することは非常に難しいという事情を考慮すべきだということです（このところに立ち入った分析として、麻生、一九九六を推奨します）。そこを考えてみたいのです。そのときの難しさというものが、空想ということをめぐってのある種のいかがわしさです。扱いにくさというのは、そのいかがわしさが持っていると思います。それがもたらす危うさを正面切ってよく考えてみる必要があります。

もっと現実的な教育の問題として言えば、われわれは例えば保育者なり教師として、ごっこ遊びを奨励することはよいことなのかというときに、大体はそう思うのですが、すごく奨励するのはどうかなという感じがつきまとうわけです。アンパンマンが好きになったりごっこ遊びを展開するのは少々はよいのですが、やりすぎては困る。あっちに行って戻ってこれなくなるのではないかと心配するのではないでしょうか。

それは単に、どの年代もバランスをとっていろいろなことをやってほしいということ以上の危惧をわれわれは感じるわけです。おそらく、空想というものが持っているある特質がそこに働くのです。自立した世界を最終的に空想はつくり出しているのですが、われわれは現実世界に生きるのだから、その現実に根付いたところに戻してほしい。その現実への根付かせ方みたいなところをうまくとらえる必要があるわけです。けれども同時に、空想性を伸ばすということは現実から解き放たなければ伸びないですから、そのジレンマをどう処理していくかということが、実際の保育教育での難しさなのです。

複数の子どもによるごっこ遊び

数名の子どもがいるとすれば、それぞれがこうしようよと提案したり、こうしたいと呼びかけてやりとりしています。場合によっては一人の子どもが支配して、「あなたは赤ちゃんね」とか、さらにせりふを指示する子もいます。赤ちゃんで「ギャーッって言って」とか、けがをしたのだから「痛い、痛い」と言ってと指示します。そういう作者的な役割を果たしていくこともありますし、そうではなく、一応最初に役割を設定して、それらしくみんなが動いて、それは猫は「ニャー」と言うとか大体決まっていて、それに沿ってやっていきます。しかし、一〇〇パーセント固定しているわけではありませんから、それぞれにとって当然思いがけないことが起こります。そこにつじつまを合わせるために、次の動きが出てくるということで、連鎖が起こっていきます。そこでは複数の子どもによる創造性が生まれていくことになります。

どの役はどんなことをするものかという子どもたちの間の共通の了解が成り立っています。この十年ぐらい、ペット役が人気が高いようです。それは多分、どういう動きが可能かということと関連しています。お母さん役でまな板の上で調理すると述べましたが、実際に子どもたちを見ていると必ずしもそうでなくて、家庭がしのばれるわけですが、電子レンジでチンで終わってしまう場合があります。お母さん役がすることはあんまりないようです。お母さん役が何で人気かというと、もちろん子どもから見て身近な大人で何でもできる存在だというあこがれが一つあり、また他の家族メンバーに指示を与える仕切り役となれるということなのですが、もう一つ大事なことは、さまざまな身体的な動きが可能だということだと思います。それに対して、お父さん役というのは、一般にはあまり人気がないのです。女の子たちが遊んでると、よく男の子がお父さん役に呼ばれて、そうすると「行ってきます」といって、それから一回りして「ただいま」と帰ってきて、あとごろごろしている。そうすると、役柄の振る舞い方としてつまらないわけです。何かそれらしい動きをいくつかしたいわけだけど、それがなかなか思いつかないのです。実際に父親はもちろん、母親の動きもあまり見てない場合もあると思います。

そういう意味では、何ができるかという共通了解が子ども同士の交渉を活発にするのです。子どもたちのごっこ遊びは断片的と言いましたけど、同時に現在的で身体的なのです。そこでいますることがあるということです。いまこの場において独自の動きが明確にあるということが大事なのです。だから、そういうことが可能な役柄とか設定である必要があります。何とかレンジャーみたいなのが便利なのは、動きがそれに応じてあるからです。そうすると、お母さんでも何であれ、その役柄を与えられると、独自のそれらしい動きが決まっている。しかも、一個だけだとすぐ終わるので、できれば何種類かあってほしいとか、あるいはそれが継続的にできるということが大事です。例えば、ごっこで猫の役をする子たちは、猫自体は動きが決まっており、大体四つばいになって、背中を反らして「ニャー」と言うだけなのであるけれども、周りにいろんなものがあるのでそこを這っていくから、それに応じて多様な動きが自然に生まれるようになっています。確かに、都会の場合には、犬は飼えなくても猫は飼えることが多いので、そういう経験も影響しているのかもしれません。けれども、それだけではないでしょう。いかに飼っていても、例えば金魚のまねなどはしません。金魚を飼う率は高いのですが、金魚のごっこ遊びはないでしょう。ですから、それなりに体で表現できないと、ごっこ遊びにならないのではないかと思います。

　言葉というのもごっこ遊びの展開で重要です。ごっこ遊びにおいてせりふとト書きとに分けることができます。せりふはそれらしく役としてしゃべる言葉です。それに対して、ト書き的な部分とか演出的な部分が分けられます。お母さんが赤ちゃんを世話するというときに「よしよし」と言ったり、赤ちゃんが「えーん、えーん」と泣いたりというのはせりふです。そうではあっても、そのときにお母さん役の子が赤ちゃん役の子に「ほら、泣いて」と言うのはト書き的・演出的なのです。そういうのは五歳ぐらいになると結構多いのです。そのことによってやりとりが成り立ちます。つまり、この一つの行為から次の連鎖を指示しているわけです。そういうことが成り立つために特に指示する演出的言葉が必要なのです。

それには言葉の発達がかなり必要だし、次にこういうことをすれば私はこうするのだという予期が成り立っています。だから、やりとりの予期、赤ちゃんに泣いてもらったら「よしよし」と言おうと思って「泣いて」と言うわけだから、予期がそこに入っているのです。この個別の動きそのものは言語を直接必要とはしないのです。何とかレンジャーのまねをするときに、ほとんど言葉を使わないような子だって「ヤー」とまねはできるわけです。だから、三歳でも二歳でもある種の動きは起きるわけです。あるいは、さっき言ったお茶を入れるまねなども二歳でもできるわけです。現実といまやっていることのつながりのある空想的関係というものを創造するためには、一定の知的能力が要ると思いますけれども、しかし相当に幼い子どもでも一個一個の行為は身振りとして再演することはできると思います。ただこのつなぐところの演出的なところはある意味でメタ的な要素が入るので、少し難しくなります。

断片的な行為を実行すること自体はわりと簡単なのです。そこが点となり、それを鎖として二つか三つぐらいをつなぐというところは、かなり見通しを持つ必要があります。そこに認知的・言語的な行為がかなり関与するでしょうし、他の子どもとのやりとりで互いに補い合って、ごっこの想像が広がります。

想像の進展の健全さと歪み

ある種の障害児だと、本当に独自の空想に入り込んでいるとみえるところがあります。小学校低学年に入ってくると、一人で空想してる子はいますから、そういう子どもたちを大人が見ると先ほど述べたように危うい感じがあります。幼児で言えば、例えば一人というのはめったにないでしょうが、三人ぐらいのグループがいつも遊ぶ中で独自の設定を連続ドラマふうに展開していくことが時に見られます。いつも例えば何とかレンジャーだかを固定して、遊んでいたりします。その役割の中でいつも遊んでいて、話が展開しているときがあります。それはごっこが開かれずに、固定した空想に閉じこもるという意味で危うい感じを抱かせます。

もう一つは空想上の友達というものができる場合があって、英語でイマジナリー・コンパニオンと言います。それは、目の前の何もないところに友達がいると空想して相手をしていきます。それは多くの大人が目にすると、驚くのではないでしょうか。この発生率というのは英語圏でいくつか調査があって、日本でははっきりしませんが、わりと高いのではないでしょうか。五割まではいかないでしょうが、一割よりは多いだろうと私は推測しています。親に尋ねたり、大きくなってからいろいろな人に聞くと「実は」と告白して、親が気付いてない場合もあるようです。もちろん、数カ月で終わる場合もあるし、何年も続く場合もあるし、いろいろです。親が知っていてという場合ももちろんあります。例えば極端になると、食事の席にその空想の友達のためにいつもいすを用意して、料理も準備することもあるそうです。親が付き合わさせられている場合もあるし、そうではなく、子どもとしては実はいるんだけど、親に言わないで、例えば料理を食べさせるふりをしていたとか。あるいは、よく英語圏でベッドの下にモンスターがいるという話があります。それは怖いものですが、そうではなく、冷蔵庫を開けるとその子のおうちがあってみたいに空想しているといったことが大人が思った以上にあるのです。

そういうことは、ときどき育児の相談事例にみるわけです。「うちの子はそうなんだけどどうしましょう」といった相談を親が尋ねています。それはある種の発達障害の可能性はゼロではありませんが、通常は健常な発達の流れの中の一端で、いずれ消えていきます。調べにくいので、どうしてそういうことが起こってどうして消えていくかはあまりよく分かりません。

なお、そういう子どもたちについての調査で、イマジナリー・コンパニオンは現実のものとは区別はしているということはいくつかの調査で確認されています（Taylor, 1999）。だから、その種の子どもたちの空想上のリアリティーみたいなものは、いろいろ面白いところがあります（すでに言及した麻生の著作を見て下さい）。そういうものは、例えばサンタクロースが本物で実在するものと思うかとか、それこそ「アンパンマン」はどうかとか、着ぐるみのいろいろなのはどうかとか、そういう調査は結構たくさんあります。そういうものとの関連が知りたいところです。もちろん大人も矛盾していて、一方でそういうサンタクロースみたいな空想を促すわけです。いい年した大人がわざと子どもをだますわけです。だけども、他方で、本当に実在すると思っていれば心配もするということで、矛盾しているわけなのです。

さらに、中学生ぐらいになったときにオカルト的なもの、例えば死者がよみがえるかとか、あるいはもっとまじめな話でいったら神様は存在するかとか、霊は存在するかとか、そういう問題は、信仰を持っているかどうかで変わるでしょうが、空想上のものが存在すると感じることの発展で成り立つことでしょう。それは中学生以降増えるのです。だから、発達的に言うと、空想上の存在を信ずる度合いはおおむね、幼児はある程度あって、小学生で減って、中学生以降増えていくのです。小学生が一番唯物論者と言うべきか、見えるものしか信じない度合いは小学生が一番強いのです。だから、そういう段階で空想というのはどう展開するかとかいうのは非常に面白い問題だし、それから、中学生以降のそういうオカルティズムとかスピリチュアリズムとかは、ある種の信仰の問題ともまた科学的なものの理解とも関連するはずなのです。

その始まりが幼児のごっこ遊びにあるとすれば、さらに検討すべき課題が生まれてくるのではないでしょうか。

第7章——造形活動とは

造形活動が幼児にとって何であるのかを検討します。造形活動ないし表現は、要するに絵を描くとか、粘土で何か作るとか、そういう類のことです。音環境ということで、音楽まではあまり入りませんでしたが多少分析しました。音というのは聴覚系のものですけれども、造形というのは視覚系の表現活動ということです。

造形表現の始まり

表現とは何かということを基本的に考え直す必要があります。そのときに、造形的な表現というのは小中学校では図画工作とか美術と呼ばれますが、形あるものについて何か行う表現です。もちろんいまは美術の概念は非常に広がっていますから、例えば積み木で何か組み立てようと砂場で穴を掘ろうと、すべて造形表現であるといえば造形表現です。ですから、この世の中にあるあらゆるものとの関係で、そのものについて何か働きかければ、それがすべて造形表現なり美術なりということに多分なるのでしょう。それはそれとして考えなければならない問題なのですが、特にここでは芸術的な表現にいずれ発展するであろうところの幼児の造形的な表現の問題を取り扱います。ですから、絵を描くとか、粘土であるとか、折り紙だとか、その種のもの全部ということになります。典型的には絵を描くという行為なわけです。前章のごっこ遊びのところで断片性という特徴を論じました。断片的なものからある種の表現もまた出発し、そしてどこかで作品となっていくという過程にあるのです。

幼児期というのは表現の作品性が成立していく時期であると言ってよいと思います。絵だったら画用紙なり何なりに描かれます。その描かれたものを切り取り、切り取ったものをそれ自体として見ると作品になっていきます。しかし、世の中の表現はもっと広いわけです。例えば、環境芸術とか街角のアートといったものも世の中にありますが、子どもの遊びで言えば、そこら辺の道端だってチョークか何かで描けます。それももちろん表現で、子どもたちはよくそういったものを描いていて、それが次第にある作品になってきます。それはどうしてか。おそらくわれわれの文化が美術というものを作品として扱うというやり方をある時期からするようになって、その文化の下で子どもたちを遊ばせるところで、そうなっていくのでしょう。

しかし厳密に言って、幼児期においては子どもの表現を作品として扱うのは主として大人側であって、子どもがどこまで作品意識を持つかということは微妙なところです。例えば幼稚園などに行くと、よく壁に子どもたちの絵が飾ってありますが、子どもたちが飾ってと頼んで飾っている場合もあるかもしれませんが、たいていのときには保育者が飾っているわけです。子どもとしてはどうでもよいと思っていることもあるし、飾られてうれしいと思うこともあるかもしれませんが、特定の作品として描き出すということは、さほど強い動機にはなっていないだろうと思います。

小学校に入ってくると、図画工作の時間というのはやはり基本的には作品を作ります。つまり、ここで完成というあり方を示していくわけです。そのときに、特に造形表現の場合には、以前の章で使った概念ですが、トレース（軌跡、第5章参照）が残ります。要するに、作った・表したものが見えて残っていくのです。トレースとは、何らかの働きかけをするのですけれども、それが目の前に展開されて、これを元にして次の行為が成立していくような関係を持つものです。ですから、積み木遊びの場合には、積み木をいくつか置いていけば、それを子どもは見てさらに積み木を置くという関係があります。その限りにおいては、造形作品も積み木などもあるいは砂場なども、ある種の軌跡を持った行為として成り立ちます。

おそらく造形的な表現のスタートはそこにあると思うのです。つまり、殴り書きをするというのは通常は一歳代に生じますけれども、子どもに紙を与えて鉛筆とかクレヨンとかサインペンとか与えると描くわけです。適当に線を引くわけで、そうすると結果的に線が残ります。まさにトレースです。どちらかというとこれは腕の運動の軌跡です。手の運動をすることによって、それに沿った線ができるわけです。通常は渦巻きみたいな絵を描きます。人によっては渦巻きに深淵な解釈をするようですが、もっと単純に言えば、子どもはこういう動きをしやすいのです。何かを持って腕を回転する動きが腕の関係でやりやすいからです。まっすぐ引くのはそれに比べてちょっと難しいのです。しっかり腕を保って引かなければいけません。もちろん、円できれいに戻るのは、終点を目指して回転しなければいけないので、もっと難しいので、四〜五歳くらいの課題になります。

そうすると、スタートは紙の上で筆記用具で腕の運動をしてその軌跡が残るということの面白さなのだろうということです。そのときに、スタートから最後まで大人の関与と言ってもよいし、文化的な関与と言ってもよいのですが、それが強いのがこの造形活動なのです。それは積み木遊びだって積み木という文化的な道具がなければできませんし、すべてそうです。渦巻きのような殴り書きをするということは、日本だって西洋だって一歳代に観察されますが、すごく当たり前ながら、筆記用具というものが存在する文化で成り立っているわけです。そういうものがなくても土の上で木の枝があれば描くのかもしれません。海岸に行けば砂に書いたラブレターでもよいのですが、どこでだって描こうと思えば描けることは確かです。子どもの場合、たぶん筆記用具があって大人がそれを持たせることによって描き出すのだろうと思います。

まわりで大人が字を書いたり絵を描いたりしているわけですから、それを見て子どもは教わらなくたって、まねをして、そこら辺の紙に描くとか、壁に描くとかということは起こり得るわけです。それなども かなり文化的な行為だと思います。世界中のすべての民族・部族において必ずあるかというと、そういうものがない文化もあります。しかしその一方で、日本だって西洋だって、あるいはずっとさかのぼってアルタミラ洞窟にも、ある種の絵らしきものが描かれています。日本の縄文時代からさらにさかのぼって石器時代だって、絵なり模様なりを描いています。ですから、かなり普遍性もあるかもしれません。いずれにしてもいまの子どもたちを観察すれば、それは大人に支えられる行為として存在します。

手を動かすという自分の体の運動は、結果的には対象側に変化をもたらします。対象側を変えるときに、地があって図があるという関係をつくり出します。絵の始まりというのは何か地というものがあって、その上に何か線を引くなり色を付けるなりする行為なわけです。そこからスタートして、少しずつ作品に向かっていくという幼児期の発達の流れがあります。

保育における造形活動の位置

いろいろな幼稚園や保育所で保育の活動として費やしている時間で、造形活動の占める割合は非常に高いように思います。しょっちゅう絵を描いたりしているということなのですが、どうしてでしょうか。園の昼食を食べたりなどの生活部分ではないところで、遊びとか一斉活動とかいろいろ言い方はありますが、そういうときに絵を描くとかお面を作るとか、それからもうじき七夕だから笹飾りを作るとか、その種のことがよくなされます。そういう広い意味での造形活動というものは毎日のようにやっています。

なぜそんなにやらなければならないのでしょうか。例えば、しょっちゅう鬼ごっこをしたりしていてもよいでしょうが、それはあまりありません。どうしてすぐに造形活動にいくのでしょうか。もちろん、世の中にはいろいろな幼稚園・保育所がありますから、中には造形活動より例えば音楽活動を毎日やっていて、力を入れているところもあるかもしれません。あるいはダンスをやっているとか、スポーツをやっているとかいうところもあると思うのですが、典型的には造形活動は多いのです。

この造形活動では通常は結果として作品ができるので、達成感が生まれるでしょう。親には保育においてなにをしたのかが分かりやすいという利点があります。例えば歌を歌うというのは録音でもしない限りは親に聞かせられません。ですから、音楽祭とか合唱祭とかを開催しないとなかなか親に見せられないのですが、作品があれば飾っておいてもよいし、「みやげ」として保育からの帰りに渡すことも出来ます。いかにも保育をちゃんとやっていますという感じがします。ですから、幼児教育・保育の目に見える成果として使いやすいということかという気はします。そのことは多分そうなのですが、もっと積極的な意味があるのかどうかです。

しょっちゅうやる意義があると言い切る自信はありませんが、やはり幼児期にとって非常に意味のある活動ではあるという気がしています。基本的には地のところに何かを描くという行為があり、最初はむしろ手を動かすという手の運動などのニュアンスのほうが強いのですが、これが描くという行為に変わっていきます。この描くという行為が文化的に重要な意味があるということです。それからもう一つは行為とトレースの関係というものが、幼児期にふさわしい特徴を持っているのだろうと思います。

文化的に重要であるというのは、これは推測です。何を疑問に思っているかというと、幼児が絵を描くなり粘土なりお面を作るなりということはしょっちゅうやっています。ところが、小学校に入り、年齢が上がってくるにつれて、そういう行為というのは減っていくわけです。一部の人は続くのですが、ほとんどの人にとっては減っていきます。そして大人になると、趣味として絵を描いたりする人はもちろんいますし、年賀状とか絵手紙みたいなかたちで描く人ももちろんいるのですが、非常に少ないのです。ですから、その辺が不思議なことだと思うのです。われわれの文明社会において絵を描くなり、もうちょっと広い意味で表現作品を作り出すことがそれほど重要であるならば、成人期にそういう活動をみんながやっていて、そのための準備として小さいときからやっているのなら分かるのですが、そうではありません。

この描くということは要するに書くことの準備であって、子どもにとっては字を書くことと絵を描くことというのは、しょせんあまり区別されていないと言ってよいと思います。ですから、書くという行為に発展していくのだというのが、一つの考えです。

もう一つの考えは、これが見るとか鑑賞するといったところにいくのだという内面化の仕方です。

例えば、歌うという行為を考えてみると、カラオケの発明と普及というのは大人の社会における歌う行為の率をたぶん非常に上げたのではないかと思います。その前は歌声喫茶とか合唱とかはありましたし、みんなで歌うというのも宴会であったと思いますけれども、そんなに多くなかったのではないかと思います。もちろん沖縄とか、そういうある種の文化では歌う機会は多いのかもしれません。カラオケ以前の戦後日本社会では、それほど歌うということは活発な活動ではなかったのですが、しかし音楽を鑑賞するということは極めて活発でした。

そう見てみると、表現作品を鑑賞するということはわれわれの身近な中でどの程度あるかというと、絵を購入して家に飾る人は少ないかもしれないけれども、展覧会が盛んに開かれ、そこでは美術作品が飾られているわけだし、それから広い意味で考えれば、ネクタイを締めていようとファッションであろうと、インテリアであろうと何だろうと、ある種の表現作品の鑑賞でもあります。そういう意味では、特に鑑賞するということの手前として描く行為というものがあると考えることはできると思います。

造形表現における表現物の特性

もう一つ大事なことがあって、それはこの表現するという行為が表現されたものをつくり出すことです。ここでは、「表現物」と代表して呼びます。表現物というのは、ある地の上に何かが描かれているものです。画用紙のような明確な縁取《ふちど》りがある場合ももちろんありますが、例えばこの辺の壁に描いたら縁取りがないので、作品意識が明確となる手前みたいなことですけれども、それを含めて、表現物と仮に呼びます。そうすると、働きかける行為があるわけですけれど、造形作品の表現というものの一つの特徴は、行為と表現物の間が切れているということです。例えば演劇表現というのは、自分の体が表現です。それから音楽、特に歌う行為というのは自分の体が出す振動音が歌です。それに対して美術作品というのは、通常は描き手の行為と描かれたものは切れています。つまり、行為は一瞬としてあって、そこに表現物が残って、括弧の「表現物」というのは行為者の行為と独立している、という関係を持っています。

そうすると、例えば最初は殴り書きをしているだけなのですが、そのうち何回もやっているうちに、子どもがそれを見て命名することが出てきます。「これなあに？」と聞いたりして、親が誘導しているかもしれません。あるいは子どもが見つけるのかもしれないけれども、いずれにしても例えばこれが「ママ」とか「ブーブ」とか、多分適当なことを言うわけです。そこに命名というか鑑賞行為が成り立っているわけです。これは一番素朴には命名です。「これは何だ」ということへの回答です。見立てと言ってもよいのですが、これがあるわけです。

ですから、表現物というものは自分が表現したものなのだけれども、やったことが終わると、そこにもう既にあるものです。つまり、自分がどうやったかと関係なく、そこにあるわけです。もちろん描いた本人が直後には行為した記憶がありますから、表現物を客観的に見ているわけではないでしょう。ぐるぐる描くというそのときの気分の中で見直すでしょう。第三者として冷静に見ていることはあまりないのですけれども、いずれにしても、切れています。これが一つの特徴です。

表現する行為とそれを鑑賞する行為がありますけれども、それのつながりというものがあって、その表現する行為と観賞する行為が一つの表現物をめぐって成り立つ。それはどうしてかと言えば、表現物というものは表現する行為によって作られるのだけれども、表現する行為が終われば表現物は物として残っていくわけです。殴り書きの場合でもそうです。断片性が強いものですけれども、それが継続性を持ったものになっていきます。継続して、この行為にもう一つの行為を重ねていきます。ですから、何かしたときに、今度はこうする、それで、次にこうすると重ねていきます。これは、子どもの場合にどういうふうに展開するかというのは、詳細な研究がないのでよく分かりません。子どもが絵ないし絵みたいなものを描いているときの、例えば視線の動きとか指の動きとかをミクロにビデオを分析したりといったものがあると、分かることがあるでしょう。

ともあれ大人の典型的なものは、表現物があったときに描く行為があって、それを鑑賞して見直してまた描いてという連鎖として通常はとらえられます。要するに、絵描きが絵を描いているときにちょこっと描いて、また少し離れて見て、また描いてみたいなことをやるということです。

描く行為と観賞する行為のサイクル

広い意味での表現行為なり絵を描く行為の中に、小さく描き小さく鑑賞するということのサイクルが繰り返されるとなっていると言えます。しかし実際には、絵描きが常にそうやっているとは限りません。例えば、もう大昔の話ですけれど、一九四〇年代後半から一九五〇年代ぐらいに流行った「アクション・ペインティング」という手法があります。一番有名なのはジャクソン・ポロックという人です。ポロックの有名なアクション・ペインティングというのは、非常に大きなキャンバスを床に敷いて、絵の具を持ってダーッと垂らしていきます。ドリッピングという手法だそうですが。その人たちはみんなの前でパフォーマンスとして絵を描くということもやったりしたのです。そうすると、一時間や二時間で大きな絵を描きます。それはほとんど休みなく一気に描いているというものです。要するに、描く行為と観賞する行為の連鎖を基本的に否定していくものなのです。目があって見ているのだから、鑑賞する働きはゼロにしているわけはないと思うのですが、それが描く行為といわば一体になっている。あるいは、ほとんど無意識的な鑑賞行為みたいな感じにして描いていると言うべきでしょうか。それは半ば体の表現なわけです。自分で動きながら何かやっている。そういう人たちにとっては、むしろ小さい子どものぐるぐる巻きみたいななぐり描きこそがよいのだ、その後にどう描こうかといろいろ考えるということが邪魔なのだという発想がむしろあったと思います。いかに考えずに描くか、ということは、二〇世紀の絵画にとって非常に大きな問題なわけです。つまり、頭の理屈じゃないのだ。表現するという行為そのものが生み出す表現ということを問題にしました。

そうすると、鑑賞するという問題というのはややこしいことになります。ある種の人は美術の鑑賞ということ自体を否定するのだけれど、実際問題としては作品というものは最終的には鑑賞されてしまいます。そうではなくて、美術の価値というものは表現するプロセスにあるのだと考えるわけです。むしろ第三者として鑑賞するということではなくて、まさに描き出す動きの中にあると考えるのです。そうすると、先ほど表現物と描く行為の間が切れているということを言いましたけれども、これに対して、切れてはいるのだけれども、描き出す行為というものがあって、これがいわば表現物を含み込むようなあり方というのを求めるという動きです。こういう考え方をパフォーマンスというわけです。

演劇というのはまさにパフォーマンスです。このパフォーマンスとしての芸術というものは、つまり作品として収まってしまうとか、作品として出来上がってそれが鑑賞されてしまうという美術のあり方の基本を問題としています。作品として完成して、それを美術として鑑賞するという行為は、一九世紀に完成したわけだけれども、そういうことへの疑問です。それは同時に、イデオロギー的に言えば商業主義的な考え方への批判でもあったのです。作品というものになれば、それは商業的に流通し得るからです。だけれどもパフォーマンスというのは、お金を取って見せることはできるのだけれども、通常は金にならないわけです。もちろん、そういうものでも最近はビデオに録って残すとか、入場料を取るとかが可能です。また例えば落書き（グラフィティー）などが一時といってもだいぶ前ですが流行って、落書きから有名な絵描きになった人たちがいます。そういう人たちの作品はニューヨークの壁か何かに描いたりしているわけです。そうすると、それをわざわざ切り取って美術館に置くわけです。だから、この辺の壁に描いて、すごくなれば、もちろん一つは写真を撮るというのがあるのだけれども、もう一つは壁を切り取ってそのまま保管するとか、壁画にするとか、そういうかたちになります。そういうふうに、常に美術作品というのは作品になってしまうのです。

どうしてかといえば、表現をするのだから、表現物というのは作品にならざるを得ない性質を持っているのです。しかし、表現物というものが完成されたある表現であるとなっていかざるを得ないわけなのですが、同時にそれは表現する行為から遠ざかることです。ですから、おそらく二〇世紀の美術というものは、表現する行為というものとの結び付きというか、復活を求めてきたのだと思うのです。

表現する過程

表現する行為に執着するというのは、例えば完成品より未完成品というか、その途中の段階とかに注目することでもあります。例えば、デッサンが美的に価値が高いという考え方があって、日本人はわりとデッサンが好きらしいのですけれども、そういう発想というのは、未完成品を好むという一つのあり方です。特にピカソはやたら作品を残していますけれども、本当に三〇分ぐらいで描いたのではないかというような感じのものも堂々と作品になっていたりします。最後まで完成していない途中か、というものが作品になっています。それは二〇世紀美術においてはふつうの手法であって、例えば一九世紀の古典派から印象派ぐらいまでは、下書きはもちろんちゃんと描くのですが、その上に色を付けていきますけれども、下書きが見えたらそれは駄目なわけです。きれいに作らないといけないのだけれども、二〇世紀美術になると下書きが見えていても全然問題ないというのか、それも含めての作品なのです。それはつまり、完成された作品よりも表現行為との結び付きを求めるという気運が出てくるわけです。

幼児の表現というのを考えたときに、表現する行為から表現物として残っていく。これが切り離されて、見直してもう一度表現していく。そういったある意味ではオーソドックスな表現のやり方というのがあります。もう一方で、どう表現されたかということではなくて、表現する行為の中で何かが生み出されるのであり、そのこと自体を大事にしようという考えがあります。一つの表現行為なのに異なる視点として、この二つは矛盾するようにも見えます。その両面から考えてみる必要があると思います。

少し異なる美術の例を挙げて考えてみます。例えば書道の場合には、一瞬ではないのですが、紙一枚程度のものなら、ほとんど一瞬に近い時間しか掛かりません。掛け軸などに揮毫するのでも、小学校の教室に貼るようなものも何でもよいのですが、一瞬といっても数分はかかるでしょうけれども、そういうものです。ですから、心を込めて書くというときに、名人はそのために気持を整えるということはあるにしても、書く行為自体では、一時間掛けて書けばよくなるわけではないのです。名人でも下手であろうとも、五分は五分なのです。というよりも、例えば字を書くときに途中で止まっては駄目です。ですからどういう字でもよいのですが、さらさらっと書きます。もちろん止めるときには止めるというのはあるのですが、変なところで止めてはいけないし、勢いを大事にしています。少々変になっても勢いよく書かなくてはいけなくて、途中で戻って直したりしては絶対いけないのです。そのくらいならもうそれは捨てて初めから描き直すでしょう。書の鑑賞でも、基本的には勢いとか、かすれたらかすれたでよいのですが、その線の動きなどを見るわけです。ですから、かちっとなってバランスよくということももちろんあるのだけれども、全体の流れが大事なのです。

絵にしても、構図とかバランスとか色合いとか、もちろんそういうのを鑑賞するのですが、同時にそこで筆がどう使われたかというところを見るということがあります。それが二〇世紀的なあり方でもあり、絵筆や腕の動きの跡を含めて鑑賞します。

表現する行為と表現物の関係のよさ

そういうふうに考えますと、表現のよさとはどこにあるのか。表現する行為と表現物の関係が見えるというのに意味があります。ここに絵があったとして、人が描いてあるとします。よく美術展に行って、特に抽象画か何かだったりすると、「これは何の絵ですか？」という質問を非常に素朴にする人がいます。何かタイトルが書いてあって、「女性の像」とか書いてあって、「ああ、そうか」みたいに思ったり、あるいはもっと単純に、「チューリップ」と書いてあれば、「ああ、チューリップみたい」「チューリップそっくり」といった素朴な鑑賞の仕方があります。それは、写真みたいとか本物みたいとかということが褒め言葉として通用すると思っている人たちがまだいるのです。結局二〇世紀の美術というのは、現実をありのままに写すという感じのことをやめたわけです。どうしてやめたかというと、何より写真ができたからです。だから、もうそれではやっていけなくなりました。

いま述べてきたように、表現は表現行為自体に戻ろうとしています。それは根本的に矛盾しているのです。パフォーマンス芸術というのは、その矛盾をあえて突破しようとしてあまりうまくいかなかったと思うのです。何が矛盾しているかというと、あくまで造形作品とか美術作品というのは、何度も言っているように作品なのです。ですから、表現物なので、ただ表現行為から切れてあるものなのです。にもかかわらず、その表現物に表現行為というものを読み取るということをやっている。あるいは、読み取れるように作ろうとしているわけです。

多くの実用品においては、われわれはそういうことは求めないわけです。例えば、机についてデザインできれいにできていたとしても、ここにいま言っている表現行為は読まないでしょう。この机を作った人は機械で作ったに違いないのだけれども、その作った人のある手触りみたいなものは求めません。それはもちろん機械製作になったからそうなのだけれども、そこにつまり、われわれが求めている表現作品のある独自性があります。それは別な言い方をすれば、表現物というのは残っていくものので、実用品ならそれとして使われ、芸術作品なら繰り返し鑑賞されます。けれども、表現行為というのは一回限りしかないのです。

さきほどのポロックの絵というのはすごく大きいものです。ポロックその他の人たちがパフォーマンスとして一瞬でつくり上げるということを理想にして頑張りました。ニューヨークのMOMAという美術館のかなりよいところにポロックの絵があり、売り物なわけです。永久不滅の芸術として飾られているのですが、すごく矛盾したものなのです。考えてみれば、そういったもともと表現物というものは一回きりの表現行為があったとして、結果としてできてしまったものは永遠なのです。絵の具はだめになりますし、燃えるし壊れますけど、永遠的であるように、つまり変わらざるもの、普遍的なものとしてあるのです。

もう一方で一回きりの行為としてある。それは矛盾しているのだけれど、その矛盾というもののぶつかり合いみたいなものが表現の面白さであるととらえた方がよいのかもしれません。小さい子がいると、初めてかどうか、とにかく渦巻きみたいなのを描くと、親は親ばかで感動して、それをとっておいて、中には堂々と飾ったりして、「一歳三カ月何日」みたいにしてやっている人はいるだろうと思います。それは客観的価値ではないのです。自分の子どもの一回きりの人生の初めての絵ですから、そういうものとしてあるわけでしょう。もう一方で、もちろん残っていくわけです。残っていく普遍的なものとしては、永遠性といってもよいのだけれども、同時にそれは表現されたときの事情を離れてしまえば、つまらないものになっていくということです。

幼児の絵の一回性

幼児の絵というのは、一回限りのそのときに描いたという特質を強く持っていると思います。小学校や中学校を訪問すると、別に美術の時間のために行かなくてもだいたい壁に飾ってあるので、作品を見るのですが、そうすると、小学校高学年とか中学の絵はやはり上手です。とりわけ上手なものが飾ってあるには違いありませんが。すごく上手だと思うのですが、絵の面白さでみると幼児のほうが見ていてはるかに面白いのではないでしょうか。

小学校高学年ぐらいになってくると、上手だけどつまらない気がします。そのつまらなさはどこにあるかというと、非常に上手だけどプロよりは下手というように感じられます。アマチュアとしてはわりと上手だけどプロ以前みたいな作品なのです。それを見るぐらいなら展覧会に行ったほうがよいでしょう。けれども幼児の絵というのは、展覧会に行ってもそういう絵はないのです。下手うまというジャンルがかなり前からあって、下手なようだけれども実は専門家が苦労して描いている絵とかイラストです。そういうのは幼児性を持ってはいますが、やはり幼児の絵というのは独自の面白さがあります。

幼児の絵はどうして面白いのかということです。「小さい子どものすることは何でも可愛いから」と言うかもしれないけれども、例えば幼児の歌は絵が面白いという意味ではむしろつまらないのではないでしょうか。耳というのはどうも下手さに耐えにくいもので、音程が狂うと嫌なものだけれども、絵の場合には相当いいかげんに描いている絵でも、ある種の絵は面白さがあったりするのです。ですから、絵というのは、下手でも面白さがある場合があります。それは不思議なことではないでしょうか。

一回きりの行為と残っていくものとの関係というものが見えてくるからだというのが一つの視点だと思います。かつまた、そのときに何を描くのかという、先ほど古典的かつ素朴と言いましたが、つまりチューリップならチューリップを描いているとか、そういうことは現代美術的にはどうでもよいことなわけです。要するに、描かれているのは何でもよいのです。あるいは、チューリップに見えてもよいし、見えなくてもよいわけです。では、何でもよいから描けばよいのかというと、そうではないわけで、つまりここに表現物として残るし、さらに表現行為と一体的だとはいっても、表現行為は一回で消えて、表現物としては残っていきますから、そうするとそこに鑑賞という働きは出てきます。一歳、二歳では出ないかもしれないけれども、五歳ぐらいになれば出てきます。

そのときに何を描こうとしたかという意図というものが、子どもたちにも多くの場合にはあるのです。例えば運動会でかけっこをしている場面を描くとかします。かけっこで一番になったとか、ザリガニは強いとか、そういうモチーフみたいなものが大抵の場合あります。そうすると、この関係の中で意図というもの、あるいはモチーフの何を描こうとしているかという目指すべきものが生まれ、これに向かって何かを描いていく。この意図といっているのは、きれいなものにしたいということもあると思いますが、多くの場合には現実場面のあるものを表象(レプリゼント)したいという意味での意図を持ちます。しかし同時に、表現行為なのだから、表現していく中でのある面白さというものを表現は導くわけです。

表現することの面白さ

ここで素材・道具・環境の問題を扱うことができます。表現行為というものがあって、その面白さというのはどこにあるのかということです。そうすると、一方で「渦巻きが生まれるよ」という意味でのレプリゼンテーションというのは表象と呼べるかはともあれ、現実世界の何かを表わすわけです。そういうことの面白さと同時に、もう一方で表現行為が持つもう一つの特徴は、ものの操作ということです。ものをいじる楽しさがあります。典型的には「フィンガーペインティング」です。

フィンガーペインティングというのは指に絵の具を付けて描くものです。指に絵の具を付けると「ぬるっ」とするのだけれども、そういう感触とか、それを紙とかホワイトボードのようなところに絵の具で塗ります。そのぬるぬる感みたいな楽しさと色が広がる面白さとがあります。ですから、ここにものを操作するということがあるのです。例えば、色鉛筆で塗るときにはキャンバスかあるいは紙の上ですっすっといった感覚があります。鉛筆で書いているときと軟らかいサインペンとでは大人が字を書くのでも感触が違います。その感触の気持ちよさや抵抗感もあります。そういうものの操作の感覚があるわけです。これを結び付けるものとして、表現物における表われがあるわけです。

表現が出現していく。表現物というのは出来上がったものとしてあるように言いましたが、実際には子どもが描いている行為においては、絶えず新たな表現が変貌して生まれていくわけです。ですから、表現物というのは最終的には動かない、静的なものとして残るわけだけれども、途中の段階はダイナミックに動いているものです。とくに、鑑賞行為をしみじみと絵を眺めながらやるなんて、幼児はめったにしません。園で子どもに絵を描かせたときに、途中まで描いて「うーん」と見直したり、悩んだりするような子どもはいないでしょう。放っておくと、ダーッと描いて「できた！」という具合にほとんど瞬間的にできてしまいます。もちろん、途中で困ることはあります。こういうことを描きたいけれど、どうしてよいかと困ってしまう。例えば、運動会で走るところを描きたいと思うけれども、どう描いてよいか。困ることはあります。体の走るかたちをどう描いたらよいかは難しいから、描きたいと思っても、どこから描いてよいか分からないのです。こういう技術的なことはたくさんあって、途中で止まっていることはありますが、描かれたものをしみじみと眺めて「うーん。ここはちょっと足りないな」といって加えることとかはあまりないのです。ですから、こういうことを見てみると、表現行為というのはすなわち、自分が対象と身体的にかかわりながら、ある身体感覚を得ながら、そこに新たなものが出現することに立ち会うという活動だということが分かります。

ポロックのアクション・ペインティングがまさにそうなのです。描いているのだか描いていないのだか、とにかく実際にポロックがやったビデオが残っているのですけれど、それを見ていると、ペンキ缶みたいなのを持って絵筆でダーッとたらしていたり、刷毛みたいにシャーッと描いたりしているわけです。ほとんど見ていないような、見ているような感じで、みるみるうちにそこに、何かが出来上がっていくわけです。それに近いものとして、子どもの絵というのが多分あるのだろうと思います。

こういった構造を基底に持っているとすると、子どもの描く行為の面白さというのは、多分にこのものの操作とそこで感じられる感覚にあるのです。操作というのは、同時に自分にいろいろな身体感覚が起こるのですが、その出現していく様子というのを目にしていくことなわけです。

そうすると、ここにどういうバリエーションを与えていくかということが重要です。これを決めるのはさまざまな道具であり、素材であり、環境です。つまり、字を書くとして、特定のパターンを書いていますので、それでそう動かされないと思うのですが、表現というのは半ばその際の筆やその紙に当たる感触などの感覚に従っているのです。つまり、そこで描かれたある感覚を引き延ばしたり変えたりするということで実際に描いているので、そうするとどういうような道具なのか、例えば水彩絵の具かクレヨンかとか、その描かれた素材、地になる部分はどういうものか、黒板なのか画用紙なのかダンボールかとか、さまざまなことによってさまざまなバリエーションがありえます。その一つ一つが違う感覚であり、違う表現として感じられるわけです。ですから、こういった幼児に与えるさまざまな素材・道具・環境が表現にどうつながるかということを幼児の造形活動は志向しているのだととらえてよいと思います。

表現が作品になる過程

もう一つ加えて言わなくてはいけないことがあるのですが、それは作品化するということです（ローウェンフェルド、一九九五）。作品化するということは、極めて文化的な影響から来ていると思うのです。作品とは何かというときに、少なくともその二つの要素があると思います。一つは表象が分かり、理解可能になるということです。多くの子がおうちを描いたり、チューリップを描いたりとありきたりの絵を描きます。記号化された絵なのですけれども、一番重要な機能は、それが何を表象しているかということがきわめて分かりやすいことにあります。リアルだという意味ではなくて、一種のお約束としてあるから、「これはチューリップ」だとか、「ここは太陽があって」というような要素が分かりやすくなっているのです。根本的にはこの表現行為は、ものの感触だけでは成り立たず、どこかで表現物は残るので、残ったときに何を描いたかということが問題になります。それは、要するに、何を表わしたかということで主として自他により評価されるので、この記号というものが重要になるのです。

もう一つ作品として持つべき要素は枠にあります。この枠が重要な意味を持ちます。つまり、絵というのは通常枠があり、なぜあるかというのは、美術論として極めて大きな問題なのだろうと思います。そうすると、この枠があると、その外は作品ではないのです。絵が飾ってあれば、額縁の外側はインテリアではあっても絵ではありません。美術館に行って外側の壁紙の色を鑑賞はしないでしょう。美術館の建築を鑑賞するなら別ですが、われわれは展覧会に行けば絵を見るわけです。例えば「これ、いい額縁使っていますね」みたいなのは、あまり褒め言葉にならないでしょう。もちろん、額縁展もあり得るとは思いますが、まして額縁の隣りの壁の感覚がよいというようなのは、ちょっとひねりすぎです。

それはつまり、絵というものはこの枠の中で作品にするという約束を現代の文明が持っているからです。なぜそういうのが必要かというのはややこしい話でしょうけれども、ともあれそういう作品意識というものがだいたい典型的には五歳ぐらいに生まれる、と昔からの研究で言われており、実際に園で容易に観察できます。

そういうときに、本当に典型的・類型的な絵として、例えば地面があって、おうちがあって、チューリップがあって、女の子がいて、上には太陽を描くという絵があるとすると、そのときの太陽の描き方は典型的に作品です。よく太陽を枠で半分に切った形で描いたりします。この中で完成なのです。さらに、大体幼児期の終わりから小学校に入るぐらいになると、これをベタに塗り込んできます。最初のうちはいろいろ点在しているのが、典型的な作品というのは、ここは空だとか、ここは地面だというふうにして塗るのです。つまり、絵というものに空白がなくなります。実際に色を塗るかどうかは別として、ここは空であるとか、これは雲であるとか、これは地面であるというふうにする、というやり方です。

これは極めて文化的なやり方です。これは西洋絵画のやり方で、日本の昔の掛け軸というのは必ずしもそうではないです。字が書いてあって絵があるときに、「絵と絵の間の空白のこれは空《そら》？」と聞かれても、それは空白なのです。だから、一つのやり方として成り立っていきます。どこから得てくるのかよく分かりませんけれども、保育者などが指導しなくても模倣でわりとそうなっていくようです。

それはわれわれの文化の中の一つの学習ですが、おそらく表現行為というものが根本にあって、これを子どもは楽しむのだけれど、どこかで表現物として残るということに気付くわけです。それを保育者は、その作品を飾るとか、親に渡すとかして、親の方は褒《ほ》めるとか、親が子どもに「これ、なあに？」とか聞くわけです。例えば、幼稚園で何か描いてきた絵があると、持ち帰って「はい」と親は渡されます。保育者は描いている場にいるから知っているのだけれども、親としては何だか訳が分からないと思って、どうやって褒めたらよいのだろうかとか思います。そこで、子どもに「これは何なの?」と聞いてみたら、「運動会で走っているところ」と答えて、「ああそう。上手ね」みたいな対話が起こることでしょう。三〜四歳の子の絵なんてほとんど何にしてもそのようには見えないかもしれませんまた、母の日や父の日に描く親の顔などは、五歳なら一応人間らしく見える顔になっていますが、三歳の子のは何だかよく分からないのが描いてあって、それで「お父さんの顔」とか「パパの顔」とか、保育者が付け足して書いたりするからそうだなあと思います。そういったやりとりが典型的にこの表象性を強調することになるので、そういうやりとりの中で作られているのだろうと思うのですけれども、根本的にはその表現物が持っている特性として成り立っています。

しかし、本章では、そのもっと基底部分に表現というものを動かしている、その表現行為そのものの特性に注目しています。操作とその感触みたいなものに焦点化すると、そこから何かが外側に現れ出てくるのが分かります。その関係というものに表現性があります。そういう経験を子どもがすることを表現と呼んでもよいし、造形活動と呼んでもよいであろうと考えているのです。

表現と表象の循環と入り交じり

将来の活動としていわゆる表現が美術作品として大人において重要だという面もあるに違いないとか、それが描くということに発展する面もあるに違いないけれども、もっと基本的にはわれわれが体を動かすという行為の発展から出てくるんだと考えているのです。そうだとすれば、それは乳幼児にとって基本的な意味を持っているはずです。その体を動かすというところが対象との関係になっているのです。

つまり、絵筆を使うとか何かを使うということは、さまざまなものを使って対象側にかかわる行為です。ですから、そのすべてのものが表現に使えるわけではないのですが、表現という行為の中にさまざまなものを落とし込むことができるという意味で、われわれはむしろ表現ということを通してもののあり方を知っていくのであり、さまざまなものをどう使うかを知っていくのではないでしょうか。そういう意味で重要ではないかと思います。

それを絵という映像的な表現に、チューリップならチューリップを絵に表わすということで見てしまうと、写真に撮ればよいだろうという時代に生きていると思うのです。そうではなくて、ものの扱い方を知るという意味においては、乳幼児期の発達においては重要な位置を持つのではないかと思うのです。

その上で、子どもはどうして表現するのが好きなのか。ものに触れる感触と、新たなものがいつもそこに生まれてくるからだと思うのです。それがなぜ重要かというのは、子どもはその好きなことをするものだということなのですが、その上で、世の中にさまざまなものがあり、そのもののある種の性質を知る行為だと思うのです。そのときに、そのバリエーションというのは微妙なところまで見れば、たくさんあると思います。字を書くとして、鉛筆の濃さ一つを変えると少し感触が違います。例えばノートの行の幅によっても字の大きさが変わり、線の長さが変わり、手の動きが変わって、違うものになります。そういうバリエーションを考えると、相当いろいろあるので、幼児期に二～三年かけても味わい尽くせないほどにあるのではないかと思うのです。

表現には表現物が残ります。表現してのバリエーションとともに、その表現物を見るということは幼児期に既に始まっています。振り返るとか、鑑賞とまで言えなくても、そこに新たな自覚への始まりがあります。表現とはその意味では、表し、新たなものの出現に立ち会いつつ、その表現する自分にも出会う行為であり、その二重の出会いにおいて、表現物を味わうという鑑賞過程と表現過程の入り交じりに入っていくことなのでしょう。その芽生えが表現の面白さを保障するのであり、それは大人にあっても、なおかつある種の驚異として持続するのではないでしょうか。

そこでは、表現行為自体が底にあって、その上に表象行為があるというふうに、二重に考えて見ることができます。さらに表象行為が表現物を介して、表現行為を複雑にしていくのです。

園における造形表現の広がり

ここで展開している考えからすれば、多くの園でやっている造形活動ではなおバリエーションが少ないと思います。なるべくいろいろな素材、いろいろな道具を使ったほうがよいと考えられます。つまりいつもクレヨンとかではなくて、クレヨンとか水彩とか色鉛筆とかいろいろある。描く対象もこの一定のお絵描き帳みたいな、決まった大きさの決まった材質の紙だけではなくて、いろんな大きさや、布に描いたりできるし、大きさだって小さい絵と大きい絵では、腕の動かし方が変わるので、感覚は違うのです。そういったバリエーションをもっと大事にしたほうがよいのではないでしょうか。

さらにそういった時の表現の過程をていねいに踏んでいくことや、そこで振り返り、味わい、見直すところを増やしていくことも大事です。ところがしばしば、決まりきった表現とか、いつも同じ道具とで、しかも典型的なのは二月の節分ならいつも鬼の仮面とか型どおりの活動になっています。そういう問題が一方にあります。

だけれども、もう一方で子どもの意欲を大事にするとか何とかいろいろ言う場合でも、実は道具とか素材とかのバリエーションをかなり豊かにしないと、表現の過程が膨らんでいきません。意欲を高めるために、例えばザリガニの絵を描くときには、まずザリガニを十分飼って、そこでの関わりの感動を表わそうというのはもっともで、必要なことです。そこは大事なことです。しかし、では、体験の中で感動があればよい絵になるのかというと、必ずしもそうではないのです。始まりとしてはよい表現が生まれるのですが、それを超えていくあたりで行き詰まります。

表現というのは独自の活動であって、そこにはさまざまな素材などのバリエーションを相当豊かにすることで、そこでの感触とか感覚を育てていく必要があります。だから、感動とか体験を大事にしようというのは、表象というものを単に記号的に描くのではなく、もっとザリガニらしさというのを十分体験することで実質を入れようということで、大事な指導になります。

でも、もう一方で、それだけでは、保育としてはやはり弱いのです。表現行為としては貧しいのです。そこに問題があって、そうするとすぐにスキル指導みたいに批判されますが、スキルという個別のその場から切り離されたことではなく、もっと直接に対象と関わる身体行為とそこで表れることに立ち会うことに深い意味があると思っているのです（表現における身体性と表現物の関係の議論として、後藤・佐々木・深沢、二〇〇四を参照）。

第8章——協同性を育てる

幼稚園教育要領の領域「人間関係」の中に、協同性を育てるという項目が入っています。それは、子どもたちが共通の目的を立てて、それを目指して協力していくという趣旨のことです。もちろん、三歳児からすぐできるわけではないので、三、四、五歳という中で大体年長の後半ぐらいにグループとしての活動が出てくるということを念頭に置いています。そういった協同性のあり方というものを考えていきたいと思います（国立教育政策研究所、二〇〇六）。

協同的に活動するとは

協同のあり方というのが、幼児教育の特に人間関係にかかわるところでの、おそらく教育としての中心的な理念だろうと思います。もちろん、友達ができるとか仲良くするとかいうことが、幼児期の人間関係の一番大きなウェイトを占めることではあるのですけれども、教育としての流れで考えてみると、子どもたち同士がある方向に向けて協同できるようになるということが、学習するということに向けての始まりとしてとらえてよいのだと思います。おそらく自然な発達として単にそういうことが成り立つというよりは、大人としての保育者がそれに向けて組織していくということが必要とされるのです。そういう意味で、そこにはかなり教育らしさというものが見えるだろうと思います。

誰かと仲良くするということは、そこで気が合うとか一緒に遊ぶとかいうことになるわけですけれども、それに対して協同性と呼んでいることは、そこにひとつ違う次元が入るわけです。ここで、三人以上の小集団の子どもたちを思い描いて下さい。そのときに先の目的を持つことで協同として本格的なものになります。

大事なことは、この目的というのは今は存在していないということです。つまり、子どもたちが今その環境の中にいるわけだけれども、その目の前には目的はまだ実現していなくて、それを目指して行動するということです。これが目標指向行動としての活動が成り立つということで、それに向けて子どもたちとしての協力関係が成立するわけです。つまり、この目的に照らして今の協同する関係というものが構成されていくわけです。

ですから、目的を目指して活動するのだけれども、その目的に照らして今度は自分たちの今の活動を再組織しなければいけないわけです。こういう構造というのは別に学校に限らずわれわれの仕事であろうと何であろうとあらゆるところで行うことです。

乳児から始まっています。乳児が目の前にあるものを取ろうとする。それは何か欲しいと思うわけです。それに向けてハイハイするなり手を伸ばしてそれを取るわけですけれど、手を伸ばしたり、ハイハイしたりする行動は、ゴール・ディレクティッド（目標指向）という行動です。かつそれが遠くにあって、手を伸ばしても届かなければ、何か別なものを使って届くとか、例えばテーブルの上にあるものを取りたいときにハイハイして届かなければ、いすの上に登るとかといったことをします。いすの上に登るということは、テーブルの上のものを取りたい、取るということに対して起こることです。そういった目標指向行動があって、それはつまり、まだ達成されないところの目的・目標に対して自らの行動を修正することによってこの目的を達成するということです（Goswami, 2008）。

その際に、幼児の協同性と呼んでいるのは、一つはこの目的がまだ実現されないだけではなくて、まだ見えていないということです。例えば、そこにあるものを取ろうとするときには、そのものは見えているわけです。そのものの状態がいま手前にない。自分の手にはなくて向こうにある。だから、位置は違うけれどそのものは見えていて、それに向かって進むわけです。あるいは、前に論じた積み木遊びで言えば、積み木を高く積むというときに、単純に繰り返して積んでいるうちに結果として高くなることはあります。おそらく年長ぐらいになっていれば、多分高いものを積もうと思っていると思うのですけれども、そのイメージのようなものがあって、けれどもそのイメージというのはいま積んでいる延長線上にあります。だから、積み木遊びにおける目的のようなものというのは、いま半ばか十分の一か割合はともかく、ある程度できているものの上に、この延長としてあるわけです。

ですから、今このぐらいまで来ていて、その先はまだできてないけれどもこれを作ろうということで、だから今あるものに対してその延長線としてあるのです。しかし、年長における協同性というときには、まだ全然目の前にないものなのです。それに向けてどうするかという課題です。これは当然難しくて、幼児には基本的にはかなり無理があります。その無理なものをどうやって保育者の支援により可能にして、実際に協同する経験を身に付けさせていくかということだと思います。ですから、ここに教育的な支援というものが相当たくさん入らないとできないわけです（佐藤、二〇〇九。無藤、二〇〇九、所収の人間関係や表現の議論。斎藤・無藤、二〇〇九）。

協同的な学びの実践例

これは「協同的な学び」とか「協同的な遊び・活動」といろいろな呼び名が付いています。典型的な実践というのは、例えば、園で大体一〇月とか一一月とか、あるいは二月とかに、学芸会とか園のお祭りとか、生活発表会と言う場合もありますけど、そういうのをやるところは多いでしょう。保護者を呼んだり、小学生を呼んだり、地域のお年寄りを呼んだり、あるいは園の中で年少の子が見に来るとか、そういうかたちで、クラスとしての出し物を出すことが多いわけです。そうすると、何をするかと話し合って、例えばお化け屋敷をつくるとなるとします。それは子どもたちが話し合って、保育者もいて、お化け屋敷をつくりたいということになります。そのときに、お化け屋敷の片鱗も目の前にないわけです。もちろんどこかで見たことがあるとか、あるいは去年の子がやったとか、そういう記憶はあるでしょうけれど、ものとしては一切ないわけです。

あるいは、遊園地をつくりたいとか、それからもっとよくあるのは劇をつくるとかです。劇をつくるという場合にお話として、例えば絵本を使って、「あの絵本のお話を元に劇をつくろう」となったとします。そうすると、もちろん絵本はここにあるのだから、種はあるのですけれども、しかし劇としての大道具、小道具、せりふ等が既に半ばできているということはないわけです。やはり影も形もないのです。ですから、かなり何をつくるかのイメージというものが明確になっていなければいけないわけです。

こういう実践のそもそもの狙いというのは協力をさせるためなのだけれども、そのときにすぐにできるものではなくて、時間をかけて協力せざるを得ないようなことでその力を引き出し、伸ばそうとしているわけです。ですから、通常二週間とか三週間ぐらいの長さの活動をしようとしているのです。それも五歳児後半、満年齢で六歳になっているにしても、かなり難しいだろうと思います。

実際に実践を見ていてもこれは難しくて、なかなかうまくできません。それがうまくできないのは、共通の目的とするところがとにかく目の前にないわけですから、それは共有して「ああいうのつくろう」というふうに話し合って決めなければいけないのだけれども、子どもたちの間で共通のものをうまくイメージできないわけです。だから、何をしてよいかよく分からない。分担もしなければならないわけですが、それもどうしてよいか分からない。さらに二週間、三週間、四週間かかれば、毎日やらなければならないのだけれど、二〜三日たてば忘れる子どもも出てきて、どうでもよくなるわけです。そういった困難に出会います。ですから、ここで協同性が成り立つということは、これをかなり支える条件というものが必要なのです。

協同的な学びを支える支援

三人よりももうちょっと大きい集団をイメージして、例えば一〇人とか、クラスで十何人とかで、協同して何かをつくるということを考えるとします。そうすると、そこで協力する関係がしっかりと成り立つかというと、発達心理の常識的に言えばそれは無理で、小学校低学年でもかなり難しいでしょう。十数人いて、こういうことをやろうと分担して進めるというのが、いつぐらいになればできるかと言われても判断しかねますが、小学校高学年ぐらいではないかと思います。逆に言うと、そういうことが幼児でできている場合というのは、相当に支える条件があるということです。

典型的にはスポーツですが、一番よく分かるのはドッヂボールです。ドッヂボールというのは最初は保育者がいろいろと指導しなければいけないけれども、大体一〇〜二〇人ぐらいで成立するわけです。ドッヂボールというのは構造化されています。つまり、二つの戦うグループとなり、それぞれのグループが内野と外野に分かれています。要するに四つの集団に分かれますが、必ず線を引いてあるので、四つの集団のいる場所が決まっています。ボールを投げて、外野は内野に当てて、当たったら内野から外野に出なければいけないというのは、それほど複雑なルールでもありません。ドッヂボールを上手にやるのは難しいのですが、取りあえずボールを投げるとかよけるとかいう範囲で言えば、何とかどの幼児でも可能であるわけです。

ドッヂボールというのは小学校もわりとそうですが、ほとんど何もしない子がいても大丈夫なのです。その点でもよくできている遊びです。投げる子が何人かいれば、ただ逃げまどっている子とか、あるいは中にはボーッとして当てられて出て終わりみたいな子がいても、そういう子も一応参加しているのでしょう。つまり、ドッヂボールはかなりの運動能力やルール理解力の差があっても、何とかゲームとして成り立っていて、全員参加可能なのです。ですから多分、小学校でも愛好されているのだと思います。

ドッヂボールの本格的なものは幼児には難しいのですが、それに類したものというのは、小学校低学年でも体育の時間などに教師の指導の下でやるわけです。それ以外に、全員までいかなくてもよいのだけれど、一〇人以上のグループとして協同活動として成り立つものは、幼稚園にはあまりありません。みんなで走り回るといった類の鬼ごっこは成り立ちます。鬼がいて、逃げる子はたくさんいてもよいのです。つまり、そこではきわめて単純なルールがあって、子どもたちの居場所が明確になっていて、やることがはっきりしていて、高度なストラテジー（戦略）なりスキルは難しいかもしれないけれど、ほとんどできない子も参加できるというようなことになっています。そうであるとすれば、もし協同性が成り立つとすれば、これを支える構造的条件というのが相当に明確でなければいけないはずです。

みんなで劇をつくるとか、お化け屋敷をつくるというようなことは、そういう条件がほとんどありません。なぜなら例えばここでこれから二週間後に何かがあるから、皆さんでお化け屋敷をつくりなさいと言われても困るわけです。お化け屋敷というイメージだって一人ひとり違うでしょうし、お化け屋敷だから暗いところで何かするのかといったときに、例えば暗くするのにはどうしたらよいかとか、怖がらせるには何をしたらよいかとか、分からないことだらけです。小学生だって困惑するでしょうし、幼児はもっと分からないわけです。そうすると、これを支えるいろいろな条件を保育者が用意していかねばなりません。

では、実践的にどんなことをやるかということなのですが、目的に対する目的意識を確かにする手だてというのがひとつあります。それは、さまざまな支援する条件が必要なわけです。もうひとつは目的をイメージする具体的なものが必要で、やっている園によっていろいろだと思いますが、例えばの言い方ですけれども、「設計図」をつくるという活動があります。これは、そもそも設計図というと大げさですけれども、「こういうものをつくりたい」ということを絵に描くといったことです。また、実物とかそういう見本を示すやり方があります。

例えば、ある幼稚園では、お化け屋敷と「タクシー」づくりをしました。遊園地にその少し前に遠足で行っていて、それを子どもたちは思い出して、それをやりたいということになりました（前年度に年中として年長の同種の活動を見ているということも支えになっているでしょう)。遊園地のいろいろな印象があって、そこにお化け屋敷やタクシーという小型の乗り物で、自分で運転するタイプのものがあったのです。それをやりたいというのでグループに分かれてやるわけですが、その際に保育者としては、遠足の写真とかを貼っておいて、ああいうのにしようよという話に誘導するように実は仕組んでいます。また、では、それをどういうかたちにしたいのかの絵を描いてもらったりして、クラスの部屋に貼っておくわけです。

これらがそのときのイメージをつくるとともに、活動中に貼っておき、目的意識を維持していきます。特に設計図をずっと貼っておくので、リマインダーとして役立ちます。園によっては、手順というか工程表というと大げさですが、こういうものを入れる場合があります。

つまり、最初にこういうものをつくると、次にこうなるよねというふうな、大ざっぱな手順をつくっておいて、ここに実際に写真とかやったところを貼っておく場合もあります。当たり前ながら、この辺は保育者がやるわけです。子どもはそこまではできません。個別に設計図と称する絵を描くのは子どもがやりますが、そういうものを描いたらどうかというのは保育者が言っているわけです。それから、掲示物も保育者が貼っています。ですから、かなり保育者が構造化しています。

協力する活動の仕方

お化け屋敷なりタクシーなり、あるいは別な幼稚園だと劇をやるとします。例えば、『11ぴきのねこ』(馬場のぼる)の絵本をその前に読んで、その『11ぴきのねこ』を再現した劇にしようと子どもたたちが言います。でも、どうしたらよいか子どもたちは分からないわけです。多少は劇を年中のときから見ているわけですから、劇とはこういうものだというのは分かるわけです。劇なのだから衣装を着けます。猫だから猫のお面を作ろうとか、背景として船の大道具や山の何かとか大きな魚とかを作ることになります。そういうことは子どもも分かるし、絵本もあるから絵本のこの部分をやっていこうということはできます。

だいたい保育者が司会していくわけですが、例えば劇なら、大道具とか小道具とかせりふとかがあります。「背景となる船と山のところを作りたい人いないかな」と聞いて、小道具のお面と、猫の衣装を作らなければいけないから、「これは誰がやるのかな」と、分担を決めるのですが、これも保育者が基本的には進めます。保育者が子どもたちに「あなたは大道具、あなたは小道具」と決めているわけではなく、誘導しているわけです。「大道具とか小道具とか、そういうのが要るよね」とか、「これ作りたい人誰かな」とか尋ねると、そうしたら子どもが手を挙げて「やりたい」となります。要するに、子どもたちのやりたい気持ちを引き出すのですが、基本的な枠組みは保育者が決めるわけです。

そういうところからスタートするのですが、すんなりは続きません。小学生だってそうですが、大体やる子なんてクラスに二〇人いたら数名しかいなくて、あとの子は二〜三日たつとやらないわけです。つくるのはそんな面白くないから、ほかの遊びをしたいわけです。それから、子どものイメージとしては、そんなに長く時間がかかると思っていません。まだ経験がないから、毎日毎日何週間もかけてやらなきゃならないと思っていないわけです。

だいたい園の遊びというのは、基本的には一日ないし一時間完結で、せいぜい三〇分か四〇分やれば片が付くようなことしか普段はやってないわけです。絵を描くのでも、二〇〜三〇分で終わります。だいたいそのように幼児教育の型はできているわけなのですが、協同の活動は長く続くことになります。ですから、当然多くの子どもたちが二〜三日やって飽きてくると思います。例えば大きな山があれば、延々と絵の具を塗らなくてはならないわけですが、少し塗るともう嫌になります。大人だって嫌なのだから、子どもはもっと嫌で飽きるわけです。せりふは絵本の場合には写してくればよいのだけれども、それにしたって例えば一匹の猫はどういうふうに出てくるかとか演出が必要です。それは話し合って決めなければならないことです。いろいろと面倒なことが多いのです。ですから、すぐに嫌になってくるのです。

そうすると、ここで立て直しが必要になります。これは実践によってさまざまだと思うのですけれど、例えば園ではホームルームとは言わないですが、大体お帰りの会とかクラスで集まる機会があるわけです。そこで「今日こんなことやったんだけどね」と話し合いをすることが年長の場合には多いのです。

当然少しずつやっていけるわけです。例えば部屋の隅に置いてあるとすれば、「今日は何とかちゃんがここまでやったよ」と確認していきます。そういうときに、小学校のホームルームと同じで、誰かが「何とかちゃんは一緒にやろうと言ったのに、ずっと遊んでいました」と言いつけたりするわけです。そうすると、「ああ、それは困ったね。どうしたらいいかなあ」と、保育者はやりなさいとはふつう言いませんから、子どもたちに投げかけていくわけです。そうしたら「みんなで頑張ってやるべきだ」とか、そういう優等生みたいな子もいて、そうすると保育者が「でも、遊びたい子は遊びたいんじゃないかな」ともう一度引き戻したりするやりとりがあるでしょう。

それで、ある園の実践においては、そういうやりとりで保育者が誘導したのでしょうけれども、「じゃ、毎日少しずつやろう。表でサッカーやったりいろいろな遊びをしたいのももっともだから、その遊びもできるようにして、でもこれもやるようにしよう」「じゃ、一〇時から毎日二〇分間やろう」とか短い時間やって、あとは自由にやろうと決めるわけです。要するに、時間の限定をしながら続けていくとなっていきます。そしてだんだん完成していくわけです。ですから、かなり保育者が構造化していくわけで、分担と簡単に言いましたけれども、その分担はそう簡単ではないわけです。

分担のしかた

分担というのはどう行われているかというと、一つはものづくりです。完成品は見えないと述べましたが、実際の制作プロセスに入ると、見えるものに変わるわけです。つまり、劇をするという活動は見えないし、完成品の劇も見えないけれども、分担したところで、例えば大道具のお山を作るというのは見えるわけです。段ボールを切って色を塗るとか。あるいは、タクシーを作るのだったら、タクシーは台車の上に段ボールを乗せて動くようにして、それで本物のタクシーに乗った経験のある子とか、本物のタクシーの絵本か何かを持ってきて、タクシーというのはこの辺に料金のメーターが付いているとか、ハンドルが付いているとか、タクシーのマークみたいなものとか、それらしくしていくわけです。具体的なものになってくるわけです。

つまり、これは実は大きな目的に対してその手段となる小さな間近な目標となります。遊園地をつくるという話になっているのだけれども、取りあえずタクシーグループにとってはタクシーをつくることであり、さらに分担のところで具体的に台車の上の段ボールをそれらしい形にするという話に変わるわけです。ですから、制作活動であり、見える活動になります。

制作活動に入った瞬間に、タクシーというのは「台車を持ってきたらいいよ」というのは保育者が言っているのですが、段ボールを乗せたところで、この台車の段ボールを何とかしなくてはいけないわけです。段ボールがむき出しでは何だから色を塗るとか、色は何色がよいかとか、前を運転して後ろはお客さんの場所だとか、子どもたちも知恵を出していきます。それは目の前にあるもの、見えるものを使っての制作活動に変わります。ですから、適宜分担するというのはやや高級な話で、かなり保育者が介入するけれども、ものづくりに入った途端に、保育者も支えるわけだけれども、結構子どもたちの力が発揮されます。

そうはいってもいろいろ難しいのです。子どもはハンドルを作ろうと言うけれど、ハンドルという丸いものをどう作ってよいか分からないから、何が使えるかを考えます。保育者も、丸いハンドルは段ボールだと難しいので、何か丸いのを探してきて、それにちょっと飾り付けてみてはどうかと考える。「あそこにあれがあるから、使えるかもしれないよ」とか、いろいろヒントを子どもたちと話しながら出しているわけです。ものを作るという見える作業とともに、保育者との対話が活動を進めます。保育者はいろいろなヒントを出していって、対話によって活動を促すわけです。

ですから、ここでも、子どもたち自身の力で子どもたち同士が対話する中で、まったく自主的に活動が進むというわけにはなかなかいかないように思います。要するに、見えない目的があったわけです。それを見える具体的なかたちに、かつ見える具体的な活動に変換しなければいけないわけです。そのときに、何を目指しているかということを、子どもたちはすぐに忘れたり、なおざりにしたりしてしまうので、それを常にリマインド（思い起こさせる）させているものが一方にあるわけです。そもそも何を作るのだったたか。それは、物理的に提示しているし、もちろん保育者も絶えずリマインドしているわけです。

それとともに、協力というのはまさに子どもたちの関係なわけですが、ここでは二重にできるわけです。一つは子どもたちが分担することは、子どもたちがグループに分かれるということです。もう一方で、一つのグループの中では同じようなことをやらなければならないわけです。その代わり、ここでは子どもたちの人間関係というものが、課題指向といって課題性のもとにあります。これは友達の仲良し関係とは違うわけです。スポーツでいえばチームとしてやるわけです。

さっきのドッヂボールで言うと、Aチーム対Bチームに分かれていたとします。そのAチームの中では、子どもたちはふだん仲がよいとか悪いとかではなくて、同じチームの仲間というよりはチームの同僚として行動しているのです。ですから、ふだんしょっちゅう一緒にいる仲良しとか、めったに遊んだことがない子とか、場合によってはクラスが混じってあまりよく知らない子であっても同僚というわけです。

これは、例えば三歳ぐらいだと、ふだん仲がよい子がいつまでも、ドッジボールのような遊びでもふだんから仲がよいからくっついていたりするのです。それは、ふだんの仲がよい悪いという人間関係と、こういった課題・チームにおける人間関係が混在し融合しているわけです。けれども、五歳ぐらいになってくると、これが分離できるのです。ふだんの人間関係を置いておいて、同僚というかたちにおいて一緒にやります。同僚というのはなぜ成り立つかというと、それは機能的関係であるわけだけれども、「この課題を追求するチーム」という関係です。ですから、実は仲良しとしての人間関係と、同僚としての人間関係というのは、似ているようで違うようなのです。同僚としての人間関係というものを、子どもたちはここで経験しているわけです。

友人関係と同僚関係

例えば、三歳児と五歳児を比べると分かるのですが、友人関係と同僚的関係というのが小さいうちはごっちゃになりやすいのです。三歳ぐらいに起こりやすいのは、お帰りの会などで、誰の隣りに座るかという座席をめぐる争いです。座席が固定していない場合ですが、いすか何かを並べるとパッと座るとかします。それから、お弁当・給食なども、ふつうはグループが決まっているのだけれども、自由に席を選んで食べるようなかたちにすると、人気のある子のところにみんなが集まって、隣を占めたがります。

そういうのは、典型的に友人関係と同僚的関係が一緒なのです。しかし、ある程度までくると、昼ご飯なんてたかだか三〇分だから、誰と一緒だってよいのだという感じになります。ですから、大学の授業でいえば、別にふだんの仲良しとは関係なく適宜、来た順に座ったりします。しかし、学部の一年生などを見ていると、仲良し同士なのかどうかは知りませんが、何とかちゃんがいる隣りに座りたがるというのがあるわけです。そういうのは、ふだんの人間関係と同僚的関係がくっついていて、幼い感じがします。

そういう区別というものが、幼児で完全に分かれることはあまりないと思うのですが、大人だってゼロではなくて、もちろん仲のよい人と一緒に勉強や仕事をしたがることはあります。しかし、一応切り離せます。その切り離し方というのは、幼児の場合、ふつうにできているのではなくて、かなり保育者がお膳立てしないとこういう関係は成り立ちにくいし、中で一緒にやらなければならない子どもたちがふだんからある程度仲良くないとなかなかうまくいかないということもあります。十分に同僚的ではないわけです。

しかし、少なくとも目指されてるところは課題のもとにあります。課題というのはここでわれわれは大道具を作るのだ、その課題のもとでわれわれは一緒にいるのだから、協力しようという意味なのです。とにかく、その課題性のもとでの人間関係という練習が始まっているわけです。これが非常に人間関係としては重要なところです。

その上で個別に大道具をどう作るかとか車をどうするかといった技術的難しさはもちろんたくさんあるので、それは保育者とやっていくというかたちです。ですから、ここではただ一緒にいればよいのではなくて、課題のもとで一緒にいる。課題のもとでということは、当然ながら課題を実現するために存在しています。課題を実現するために構成されたグループなのです。自然的友人関係があって、それがそのままでそれぞれのグループになっているわけでは必ずしもありません。とはいえ、どうしても仲良しが一緒になりやすいものです。「大道具をやりたい子」と言ったら、一人が手を挙げるとその仲良しの子が一緒に手を挙げて、ふだん仲良しの子たちが一体でくっついたりします。でも一応別々のことに分かれることもあります。実際に年長ぐらいになると、ふだんの人間関係と別に、そのことをやりたいからやはり別のグループに入るという子もいるわけです。

ここでは大きな意味でこの目的を実現するために今の行動を調整しなくてはいけないのですが、個別の活動ではもう少し細かく、この大道具を作るといったもう少し小さい目標で動きます。目の前に見えるところの延長線にある課題との関係において、いま活動しなくてはいけない。そこでの協力関係というのは、この課題を実現するという機能性を持っているのです。

機能的関係というのは、つまり、友人関係とは違うわけで、同僚的関係というのは完全な機能的関係ではないのだけれど、でも基本は機能的関係です。機能的関係と呼んでいるのは、例えばお店の人とお客さんのような関係で、お店の人はお客さんに非常に愛想よく振る舞って親しくよい笑顔を見せるかもしれないけれども、基本的には商品の売り買いの関係で、お金を出すから商品を渡すのです。そのときにホスピタリティーとして笑顔をおまけに示しているだけで、それ以上のものではない関係です。ですから、マクドナルドの店員がにっこりしても、それは私に好意を持っているという意味ではなく、あくまで機能的なわけです。そのときににっこりして、「どこ住んでいるの?」とか「電話番号は?」とかいきなり聞いたらおかしいわけです。何回か通っているうちに微妙に友人関係にちょっと入り得るわけですが、基本はあくまで機能的です。もちろん、ずっと継続した同僚は大学でも会社でも、お互いの趣味とか家庭生活とかを紹介し合っているわけだし、一緒に飲みに行くこともあるでしょうから、友人関係に入り得ます。

ですから、五歳児において機能的な関係としての協力関係ですが、それは日ごろの友人関係をもちろんベースにしています。全然知らない同士が「やりなさい」といってやるものではなくて、やはり普段から仲良く遊んでいる関係がいろいろとあって、その濃淡はあります。しかし、仲良しが集まって一つのグループを構成するわけではないということです。あくまで課題指向で集まった人たちがいるということなのです。

課題の活動に集中する

もう一つは、この活動として割り当てられた時間があるのだけれども、そのときにこの課題を解決するため、例えば大道具を作るという活動のために一生懸命いろいろなことをやらなくてはいけません。そのときに、関係ないおしゃべりをしていたりふざけていると、やはりまわりから怒られたり文句を言われるわけで、「まじめにやってない」とか「あの子たちさぼっている」とか言われるでしょう。保育者も「もうちょっとちゃんとやったほうがいいんじゃないの」とか注意するというふうになるわけです。つまり課題指向性というのはそういう細かい活動を規定しているわけです。そういう活動の経験を子どもたちはしているわけです。

下位目標による具体化と目的の変更

協同的な学びでは、目的を目指して、それに対して手段として何をするかを考えて、それに向かって進んでいくと述べました。実際にはそう一遍にはいかなくて、一つは分担といういくつかのグループに分けられるということと、各グループにおいては下位目標を持って、それに向かって進んでいきます。また下位目標というのは、具体的なものづくりという展開の中で見えるかたちで行うということを言ったわけです。

つまり目的というものがあって、これが下位目標に分割されているわけです。実際の活動は、これを実現しようとしているのです。そのときにもう一つ大事なポイントがあって、それは、この具体的な活動から目的というものがしばしば変更されていく、あるいはもう少し正確に言うと、元の目的というものががらっと変わることもあるのだけれども、多くの場合にはそうではなくて調整され、修正されていくわけです。

例えばお化け屋敷をつくるというときに、子どもたちは最初遊園地の壮大なお化け屋敷をイメージするのだけれども、できるわけがないわけです。どこの部屋を使ってやるか。では、ホールのあの隅っこでやろうとか言い出します。お化け屋敷という以上は継続してつくっていかなくてはならないから、ホールの中をずっと占拠することになります。園長先生に聞いてあれは使ってよいことにするとかになります。お化け屋敷だと、壁を暗くしなければならないわけですが、そうするとついたてとか大型積み木で壁をつくったり、カーテンを借りて暗くするとか、いろいろなものを借りてやっていくわけです。そうすると、そこで生まれてくる具体物があります。最初にイメージしたものどおりではなくて、途中段階でいろいろな具体物が出来てくるのだけれども、それによって今度は目的が規定されて限定されてしまいます。

お化け屋敷として例えば保育室を使って、そこに積み木を並べて、子どもたちは最初は壮大にこの部屋を全部暗くして、この中でいろいろなお化けが出てきてと思うかもしれないけれども、道具もないしどうしてよいか分からない。もっとささやかに隅っこの方を暗くしたりして、段ボールを並べてトンネルみたいにして暗くして、段ボール中に何か垂らしておいてワーッとくぐる子どもに触るように考えます。そういう類のことをするのですが、遊園地の壮大なお化け屋敷ではなくてささやかなものになります。そうすると、元のお化け屋敷というコンセプトは生きているのだけれども、ずいぶん最初のころのイメージとは違ってくるわけです。

暗くするときに、このカーテンを使って暗くしようかとか、それでも足らないから、段ボールを使ってトンネルみたいにして暗くしようかとか、具体物ができることによってお化け屋敷のイメージが具体化するのだけれども、具体化するとともにそれは特定化されていくわけです。その結果として、最初の壮大な目的がずいぶん小さいものに変わっていきます。あるいは、劇づくりだったら、最初は『11ぴきのねこ』の絵本どおりに考えていくのだけれども、途中で誰かが「こんなことしたら面白いんじゃないかな」とふと思いつけば、筋書きを変えてもよいわけです。絵本を忠実に再現しなくてもかまわないし、小学校とか幼稚園の劇でよくあるのは登場人物がやたらに多いということもあります。『11ぴきのねこ』で一一人にする理由はあまりないので、クラスに一五人いたら一五匹でもよいではないかなどと、適当に変えていきます。それは、保育者の場合だったら計画的にうちのクラスは二〇人いるから二〇人全員出番をつくろうとか考えると思うのだけれども、子どもたちが作っていて、適当なそのときの思いつきとか、たまたまできたもので、面白くしようというふうになります。

タクシーの例でいえば、台車というのは押すとすごく軽く動くので、子どもが二人ぐらい乗っても結構動かせます。最初は結構力が必要ですが。子どもたちの最初のイメージは、遊園地のタクシーですからハンドルを持って自分で動くものなのだけれども、当然ながら自分では動かせません。ですから途中で、台車に乗って後ろにいる子が動かすというものに変わっていくと、実は最初に構想した遊園地のタクシー乗り遊びとはだいぶ違います。タクシーなのだけども、後ろにいる子が押してお客さんが乗っているというものに変わるわけです。ですから、遊び自体が変わって、結構それは人気が出るわけです。小さい子が来たら乗せてあげて、年長の子が動かして「タクシー」とやるわけだけれども、遊園地でのあのひとりで運転できるタクシーとはずいぶん違うものになっています。

実は、こういう目的を持って指向する行動では、常に目的ないし目標と手段があるのです。手段とは、目標《ゴール》(goal)に対して英語でミーンズ(means)といいますが、目標指向行動というのはゴールが固定されていて、それを目指していくと思うかもしれませんが、しばしば手段がゴールを変えるわけです。

散歩していて、あそこの公園に行こうと思って歩き始めたら、なんだかこっちが面白そうだからと行き先を変えて行ってしまってもよいのです。考えたら、別にあの公園で遊ぶということは、それほど決定的なことではない。要するに、幼稚園のお祭りに何かクラスとして出し物を出すことが求められているだけで、お化け屋敷とか何とかというのは子どもたちが自分たちで思ったことなのだから、自分たちで変えてもよいわけです。だから、むしろしばしばこの手段によってゴールがつくり替えられます。それは当然のことで、なぜならば共通の目的というのは見えないのだけれども、それを砕いていったときに具体的な見える活動を進めているのです。その見える活動によって今度は子どもたちは先のことを構想していくということに変わるのです。

目的を指向するやり方を学ぶ

見えない目的に照らして今のそのための手順を構想してそれを実現していくことは、幼児にとっては不可能に近いことです。ですから、子どもたちがやっていることは、砕いた具体的な作業なのだけれども、しかし同時にその具体的な作業から目的を構想するという逆の動きが起こることによって、目的指向行動（ゴール・ディレクティッド・アクティビティ）というものが子どもたちにとって意味ある活動に変わっていくと見たほうがよいと思うのです。

つまり、そこで意味と言っているのは、子どもたちの具体的な活動に根ざしているわけです。だから、最初に思いつきで「あの絵本のあれでいきたい」「遊園地のあれでいきたい」というのは、考えたらそれほど必然性がないのです。抽象的な目的で、ある意味で何であってもよいようなことです。

実際にものをつくっていて、これをうまく生かしたら面白いとなると、それはその具体的なものやそれをめぐる活動に根ざしていて、それを利用しているから、確かな根拠があるわけです。子どもたちの力の範囲で考え得ることになります。だから、目標指向行動というものがこの時期に発達していくわけだけれども、そして協同的な活動というのは、ある意味でこの目標指向性というものを指導するための教育活動なのだけれども、その目標指向性を学ぶのは、「あれを目指せ」というふうに目的を指示してそれに向かって頑張らせるということではないでしょう。一応「あれを目指せ」ということになるのだけれど、しかしその途中の段階で生まれたことを生かすということを通して、目標を形成していくという活動に変わるわけです。

つまり、遠足のたとえで言えば、山の頂上があって、あれを目指せとします。あれにとにかく行かなくてはいけないというのは、目的が固定されているわけだけれども、そうではなくて何か面白いところに行こうとした上で、一応あそこに行くことにしよう。けれども途中でいろいろ遊びながらやろうというときに、遊んでいるうちに別な方向で、あっちではなくてこっちになって、それでＯＫの活動なのです。

もう一つ、そこで大事なことがあって、それはそうはいっても目標と手段の関係は相互依存的であり相互規定的なのです。つまり、途中で違うことをやっているうちにそっちが面白くなったとします。では最初の目的なしにできるかというとできないのです。それが最初の枠組みであって、これは保育者と子どもたちが一緒になってつくっていて、しばしば園の活動としてそれは与えられているわけです。生活発表会なのだから、やらなければならない。保育者としても出さなくてはならないから、子どもたちを励ましたりいろいろして、何とかやらせようとします。ですから、遠足でいえば途中であった何か面白い話に行ってしまって、あっちに全然行かなくてはそれは困るから、何とか行くように仕向けるわけです。同時に、途中で見つけた面白さをできれば生かしながら進んでほしいとなります。その辺でゴールのつくり直しというものが絶えず起こっているというところが、この活動を豊かにするかどうかの大きなポイントになるわけです。

いまの点は保育としてはわりと大事だと思うのです。つまり、目標というものはある程度確かに保育者が大ざっぱには決めていて、とにかく出し物を出してくれと態度で示しています。その上で、具体的にお化け屋敷をつくりたいというのが子どもたちの希望として成り立っているのだけれど、保育者が考えようと子どもたちが考えようと、いずれにしてもそれはかなり修正可能なものであるわけです。

どこから修正するかというときに、単に言葉として思いついて修正するのではなくて、具体的な制作活動の中で出てきたアイデアを使いながら修正していくというものが、この活動を五歳児なら五歳児の時期にふさわしい活動に変えていく大事なポイントになると思います。

ということで、目に見えない目的を目指す活動をどうやって目に見える活動に落とし込むかということと、その目に見える活動から逆に目的というものを構想させていくということが、この協同性を育てるという意味で重要なことなのではないかと思います。

子ども同士の教え合いは成り立つか

子ども同士の教え合いというか学び合いというか、これはこうやるのだと子ども同士で伝え合っていくことはしばしば起こっています。ほかの子どもたちの様子を見て、あの子はこういうことができるんだということで、ほかの子のよさを認めていくといったことも起こると思います。ただし、いま挙げている実践例などで考えてみると、この活動全体、つまり何週間かかかるような活動全体を進めているのは、実はかなり保育者ではないかと思います。子どもたちの自然な教え合い、学び合いは大事な要素ですが、それらだけでいわば自然的成長の上で目的が実現するということはあまりないのではないかと思います。それがよいか悪いかというのは別な話です。この協同的学びといった活動がこの数年に実践現場でかなり出てきていて、その実践報告でも無理をしている面もあるのかもしれません。しかしなお、無理があるにしても、私は必要なことだと思います。年長あたりでいわば背伸びをさせる体験が必要なのではないかと思うのです。それをどういうふうに展開するかというのは、まだまだもっと試さなければいけないと思います。

もう少し正確に言いますと、教え合いとか学び合いとか、相手のよさを認め合うということはあると思うのですが、幼児の年長から小学校低学年にかけてもっと大きな発達の流れがあると思います。それはすでに論じたように、友人関係と同僚的関係の分離です。もう一つは、同僚的関係を分離するためには、同僚的関係というのはさっき言ったように機能的関係なので、課題指向的でもあるのです。課題指向というのは、要するに見えない目的に向けて活動を組織することなので、そういうことについての学びに入っていこうとしているのだと思います。それは、小学校の授業とか学級の研究で言うと、そういう機能性というのが顕著になるのは小学校高学年だと思われます。

小学校低学年の学級での学習指導というのは、人間関係と密着して成り立ちます。例えば保育者と子どもは極めて仲良くやっています。小学校低学年の教師もそうです。だけれども、だんだん小学校でも例えば中学年から高学年ぐらいになってくると、休み時間の人間関係と授業での人間関係というのはかなり変わるようになります。言い方も変わるし、表情とか姿勢も変わります。小学校では班活動をしますが、その際にふだんの人間関係と全然別に、取りあえずこの社会科の授業では班で四人で作業しなければいけないなら、仲良くない子であってもとにかく、たいていは嫌いだの何だの見せずに一緒にやるわけです。だけど、低学年の子だとかなり露骨に好き嫌いの関係がふだんの授業での関係にも出てくるので、その辺から徐々に発達していっていると思います。

自然的と言ったのはちょっと話を極端にしているだけであって、例えば子どもたちがスポーツをするときも、ここで言った同僚的関係のはずなのです。例えば、スポーツをするときに仲良しと一緒にチームを組みたいかもしれないけども、でもある技術レベルまで来るとそれよりスポーツの得意な子に付いた方が有利だと分かるようになります。だから、普段の仲良し関係をいわばちょっと裏切ったりするわけです。こっちの子は運動が下手だとすれば、一緒にカバーしてやるかもしれないけれども、取りあえずスポーツの得意な子とチームを組んでいれば勝てるのだから、ふだんの仲がよいも悪いも関係なく、そちらを優先します。だから、その辺で機能性がスポーツの場合にも出てきます。小学校の勉強というのは全部本来機能的なはずです。互いに同僚として学んでいるわけです。だけれども、実際にはクラス集団をベースにした授業というのは、友人関係と重なり合っていくわけです。

仲良し関係から同僚的われわれへ

幼児の場合には、どちらかというとむしろ仲良し関係というか友人関係というのか、それが基本にあると言ってよいと思います。でもどこかで、目標指向性が出てくるし、それは子どもたちが表象能力の発達に伴い、すごいものをイメージして実現したくなることに基づいています。これまでの例えば積み木遊びの分析では、あたかも積み木を積み上げていく中で結果的に積み木の高いものができる面を強調しました。経験を重ね、発達が進むにつれてどこかで本当はそれは逆転するはずです。まだできていないけど今日はあのぐらい作るぞとか、こういう形のものを作るぞということを子どもたちは、少なくとも年長ぐらいになれば思うだろうと思います。だから、そこに見えないものを目指すという人間の行為がおそらく生まれていくのです。

その発生過程というのは、表象能力がベースにあるのですが、単純にイメージ力だけで育つわけではなくて、今ここで述べているような協同的に活動するとか、同僚としてチームを組むといった社会的経験がかなり重要な働きをするのではないでしょうか。おそらく幼児教育の特に後期から学校教育というのは、個別にいろいろなことを教えるのですが、一番重要なことは同僚的な関係の中で活動できるようにすることだと思います。

友人関係と同僚性の関係というときに、同僚的な関係も人間の持つ別な面です。だから、人間関係としての仲良し関係というのは、おそらく人間同士がつながることのある一面に寄っているのです。かなり情緒的で共感的な関係なのです。そうでない面も人間関係にはあるわけです。だから、幼児期にそういうものに気付かせていくというところは当然あると思います。

この種の活動で、目的を達成すると、強い達成感が生まれます。まさに協同的なものとしての達成であり、皆でやったという感じが強いものです。実は、そこがこの活動の面白さです。そういう意味では、チーム性というかクラス性というか、「みんなでやれた」ということであって、そこでは「みんな」というものが明確になるのです。「われわれ」が形成されます。

もう一つ大事なことは、実はここで手段として何かやっていることから目標がつくり替えられると言いましたけど、つまりここで新たな発見があるのです。何かが新たに生み出されるわけです。新たに出現したものがあって、それを子どもたちは見つけて、しかもそれを共有しているわけです。だから、ここでわれわれはこれを見つけたぞということです。新しく何か、われわれがつくり出したというか、面白いものを見つけたわけです。

　そのことによって、逆にわれわれが再定義されるというか、ここで何かを見つけた、その見つけた同士の関係が生まれる。だから、実は単に目標を目指して分担して作業をしているときにはそうでもないのですが、新しいことを見つけて「これ、面白いよね」と言い合って、「そうだ、そうだ」と盛り上がるわけです。それで、「これで何かしようぜ」みたいになってくると、ここで見つけたことで目指すところがつくり替えられていくと同時に、この数名のグループの団結性みたいなものが生まれてくるのです。そこではかなり強い情緒的な絆ができます。それはだから、ふだんの仲良し関係と違う次元として経験されるのです。

　それが今度は、ふだんの仲良し関係に幼児の場合には特に強く反映されて、同じグループの子が仲良しになったりするのですが、その仲良し自体とはすこし違うものとして協同性は経験されています。大人で言えば、協同課題に取り組んで、一緒に何か面白い発見をして盛り上がる。だから、それを通して親友になるとは限らないけれども、それどころか終わったらばらばらになるかもしれないけれども、そのときの一種の団結性とか共感性ということは、重要な経験として成り立ちます。そのことによって、ふだんの仲良しの人間関係と違う人間関係の広がりができます。それは、ふだんの仲良しの人間関係の同じ地平面とはちょっと違う、異なる人間関係として経験されるわけです。それを同僚性と呼んでいます。

　だから、普段のリラックスした関係の中で「仲良くやろうね」みたいな感じのものと違って、同僚性にはもっと緊張感があるのです。一緒にやらなければいけなくて、さぼると怒られる、文句を言われるわけです。そういうものなのだけれども、そこに、一緒の発見なり、一緒の制作ということが可能になることの喜びもまたあるのです。それは、ふだんの仲良しの人間関係で得られる喜びと質が違うだろうし、そういうものを子どもたちが経験するということに独自の意味があるのではないでしょうか。

大きな願いを作るあこがれと振り返りの育ち

協同性の育ちにおいて、子どもが共に実現してみたいことを見出すことが重要ですが、それはその出現を待つというより、時間をかけて，その誘いを園内環境の中で作っていくということです。小さい年齢から上の年齢の子どものすることを見ていて、やってみたいとあこがれる。家庭でも大人のしていることをしてみたい。外に出ても、魅力的なことばかりだ。それがあこがれの育ちとなります。それはある意味で文化の届く通路です。いずれやってみたい、できたらいいと思えることが多数子どもには示されます。いずれといっても、そう遠くないところで子ども自身がやってみるように提示されるのが園のあり方です。それが幼児教育の中で先への伸びを作り出す背景になっています。

そこから子どもたちのやってみたいという願いが生まれます。その願いがひとりですぐにはできない大がかりのものになるとき、それは「大きな願い」が生まれるときです。それが協同的な学びの活動へと至る始まりです。そこから試行錯誤があり、あこがれが具体化し、願いが目的となり、目的が実現すべき目標となっていくのです。

さらにそれを深めるのが振り返りの活動です。どこまでやれたか、これからどう発展していけるか。

それを見やすくするのが保育者と子どもが共有する記録（ドキュメンテーション）であり、最近は映像を活用したやり方が増えました。

第9章——美への感性を育てる

本章では、保育において美への感性を育てるということの意義を論じます。これは正確に言うと、美への感性というものを元に保育全般を考えるということです（無藤・掘越、二〇〇八）。子どもたちの活動の始まりに美しさという感覚が元にあるではないかということです。

幼児の遊びにおける美しさという次元

美しさというのは広い意味で使っています。きれいであるとか、かっこいいとか、すてきだとか、感じがよいとか、そのようなことを含め広めに使っています。また、保育者が保育をするときの感覚も、基本的には美的感性なのではないかと考えています。美的な次元というものが人間の活動にはあって、それが人間の活動の底にあるのではないかと思うのです。デューイが科学教育を論じるところなどで（デューイ、一九三四／二〇〇三）、科学者もまたある種の美を追究しているということを言っています。ですから、そういう発想はいろいろなところにあるのですが、つまり幼児期に子どもと保育者はそういう意味での美としての追究をしていると見てはどうだろうかということです。

具体的にはどういう事例を考えているかというと、それぞれはよくある事例です。第一の事例は、子どもが積み木をタワーに積み上げているというものです。平らな積み木です。前に積み木遊びの分析をしましたけれども、要するに高く積み上げていくということです。高く積むということは、きれいに積んでいることでもあるし、このエピソードでは、積み木に色が着いているので、子どもがかなり色を考えながら積んでいくわけです。そのときに、子どもたちもきれいに積めたと言うし、保育者もきれいに積めたとほめるわけです。いろいろな言い方をします。ですから、すごく高く積めたとも言うのだけれども、それを「きれいに積めた」と、例えばそういう表現をするわけです。その「きれいに積めた」というのは、日本語としてもちろん「きれい」なのだから美しいというのと似た言葉ですが、たぶん五感としてもきれいというのがある種の美しさの感覚を含んでいます。高く積めた、素晴らしいという意味もあるし、広い意味ではある種の美的な感覚だと思うのです。

別な例では、男の子が泥団子を作ってカップに入れて、並べるのです。いろいろな大きさのカップなのですが、それを持ってきて、そこに泥団子を作って入れて、また別なカップを持ってきて入れてということをして、十数個のカップを一列に並べるという遊びをしました。そういう事例はさまざまな角度から分析できるでしょうけれども、もちろん泥団子を作りたいわけで、一列にすることでこの子どもも数えていて、数の経験でもあるのですが、それが上手に作れているわけです。この事例では特にきれいという言葉は使っていませんが、一列ということにこだわって作っているという例です。

それ以外にも、毛糸で壁の飾りを作るとか、ミニカーが走るところを作るというのもあります。例えばお団子みたいなものを一列に並べるという例において、なぜこういうある種の秩序を人間というものは、また子どもはつくるのだろうかと疑問に思ったときに、そこに確定的答えなどないでしょうけれども、人間とは美的秩序をつくりたいものなのではないだろうかと考えたわけです。そう思ってみると、子どもも大人もそうなのですが、何かきれいに作りたいとか、秩序をもって作りたいとか並べるとかするわけです。そういった意味での美的感性や美的感覚がさまざまな認識や価値付けの前段階として成り立つものなのではないか。そこにある種の美しさというものがあるのではないか。美しさを感じるということがあるのではないかということなのです。

判断の基としての美しさを感じること

美しさというものが直感的な経験、直接的な経験だったということを考えて、それはつまり判断とか価値付けの手前の段階としてあるのではないか、ということです。そういったものを一つは子どもがするのだということです。子どもがいて、そういうことをどうやらするらしいということと、こっちに保育者という大人がいて、それに対してある価値を付けていくわけだけれども、その子ども自身がここで対象に対して何か行動をするのです。このところと、それから大人が子どもに対して何らかの評価を下すなりします。評価というのは「きれいだね」とか「すごいね」ということですけれど、その二重のベクトルのところで、この美しさというものへの直感というのが働くのではないか、ということです。

ここで言っている美しさというのは極めて素朴なことを言っています。つまり何かを見たときに「きれいだ」とか「すごい」とか「感じがいい」とか、そういう種類のことです。ですから、何かよい感じがする、ということです。フィール・グッド（feel good）というか、イッツ・ナイス（It's nice）というか、英語でなくてもよいのですが、そういった感覚です。この「感じ」というのはフィールということで、人間の認識論の問題で言えば、はっきり認識する前に認識と価値付けと区別されないようなあるフィーリングというものがあります。そのフィーリングが何かよさそうだという感じをもたらす。そのよさそうだというものは、美しさの始まりのような感覚なのではないかということです。ですから、そう考えてみると、人間というのは要するに美しさを求めて行動していて、その美しさを求めるところからむしろ認識とか判断とか価値というのが発生するのだ、ととらえることができます。保育というのは教育の始まりではありますが、小学校以上の教育に比べるとより子どもの感覚に近いところで大人が寄り添っていくわけです。

そうすると、保育者が行う行為というのも「フィール・グッド」、よい感じだということを求めてやっているのではないかと思います。このよい感じというものが、さまざまな判断とか考えとか理論の結果として生み出されていると言ってもよいわけです。保育にあって、何かいろいろなことを保育者はしたくなるわけです。そのときに、直したくなるとか、褒めたくなるとかあるわけだけれども、それはさまざまな保育理念がある中で判断されます。そう考えれば、むしろこういうよい感じがするということは副産物であるのかも知れません。自動車でたとえると、自動車が順調に動いているときに人間はよい感じを持つでしょうけれども、自動車としては別によい感じで動いているわけではなくて、自動車としてはエンジンが順調に展開して走っているわけです。そうすると、自動車のメカニズムとしては別によい感じということではなくて、モーターのメカニズムで動いています。よい感じというのは、そこに人間がかかわることによる副産物です。

心理学モデルとして

通常の心理学モデルというのは、どちらかというと人間の認識機構なり感情機構みたいなものがあって、それが動きながら対象についてある認識や判断を下したり、その対象についてある感情がわき出たりするわけです。何かについてよい感じがするとします。そうすると、結果としてわれわれはそれを意識するのですが、その意識されるところのよい感じというものは、実は、さまざまな判断の結果なのです。例えば黄金分割というのがあります。知覚メカニズムにおいて情報処理をしていって、結果としてその判断が脳のフィーリング部門みたいなところに「うまくいったぞ」と知らせると「フィール・グッド」という感覚が生まれる。そうだとすれば、自動車のモーターみたいなものを人間は持って、それが順調に動いていると、そのシグナルが来て、順調だということで、「フィール・グッド」を感じる。そういうふうに思うと、つまりよい感じということは副産物であり、信号です。

そうなのかもしれないのですけれども、ここではその話を逆転させようと思います。むしろ人間の経験としては、よい感じというのが先にあって、それを基にいろいろ考えていって、分析的にとらえるようになると考えるのです。そのよい感じというのは、必ずしも別に意識のことを言っているわけではなくて、意識されやすいことではあっても、何かよい感じということをわれわれは求めている。それを洗練させたものが美しさということなのだろうと考えようということです。そうすると、よい感じとするということがむしろ根っこにあって、それが人間を動かしているということとしてとらえてみます。

例えば人間同士の関係でいえば、付き合う中でそれぞれの相手の印象が変わっていきます。最初は嫌な感じと思った人が、付き合っていくうちによい感じに変わることだっていくらでもあるから、別にこれが絶対的と言っているわけではないのですが、とにかくよい感じを受けることがあり、その理屈はそれをいわば跡付けるのではないか。

子どもの例に即して分析する

子どもの例に戻ると、どうして一列に並べたりするのかとか、積み木をどうして積み上げたりするのだろうか、ということです。こういう問題は「どうして?」と問うてもしようがないのですけれども、でも問いたくなるわけです。もちろん一つの考えは、例えばピアジェなら一列にしたのはどうしてかといえば、それは数えたいからであると答えるかもしれません。数えるためには一列のほうがよいのです。一列にしたら数えやすいわけですから。先ほどの泥団子を作った子どもは確かに数えていますけれども、何かを作っていって、子どもがその様子を満足げに見ているわけで、先生のほうを見るので、保育者も「おお、すごいね」みたいなことを言うのです。そのすごさというものは、「おお、すごいね」というときに、一列に並んで十いくつまでいったというその単なる数ではないような気がします。やはり一列に並べたこのあるパターンの印象があり、それが何かすごさを持っているというか、よさを持っているわけです。

積み木を積み上げるときに、何だか知らないけれど、積み上げていくのですけれども、積み木遊びのときに、前にも説明したように、同種類の板の薄い積み木があった場合には大体積みます。一つの積み木があったときに、その上に乗せるというこの繰り返しが自ずと高さを生み出すので、結果的に高くなるのだというのが一つの説明だと思います。それは一歳、二歳だとそういう結果的に高くなるということは大きな要素だと思います。例えば五歳ぐらいでいえば、かなり高くなってくることを分かっています。最初はあまり分かっていないにしても、何回かやれば高く積めるんだということは分かりますから、そうすると、とにかくできる限り高くして自分の背より高くする子も出てきます。どうしてそういうことをするかというときに、もちろん知覚的に目立つからだと思うのです。つまり一列であるということは知覚的に非常に目立ちやすくできていますから、人間にとってそれは印象深いのです。けれども、印象深いというだけではなくて、そこにある美しさとか、よさというか、よい感じであるということを感じているように見えます。ですから、幼児の場合は、単にこの間はこのぐらいだったけれども、今度はそれを超えてという記録への情熱ではないでしょう。そもそも記録などしていません。そうではなくて、何か達成感を得ているのではないでしょうか。

達成感が生まれるためには達成したと感じなければいけないわけでしょう。何か難しいことを達成したのだけれども、単に難しい技を達成しただけではなくて、これが全体として一つのパターンを持っていて、それをつくりだしています。このパターンの美しさというものを感じて、それをつくっているのではないかという気がします。

保育者も美しさを感じる

この「フィール・グッド」ということは実はいろいろなところで子どもも大人も動かしているのではないでしょうか。例えば、幼稚園や保育所の保育者と子どもの遊びの場面について話していると、あの子のやったあのことがよい感じであるとか、ちょっとよかったとか、なかなかすごいねといった主観的な価値付けの言葉が多いのです。例えば、さきほどのお団子を並べていくのがすごいというときに、外から客観的・心理学的に「この子は自発的に数を数えているんだ」とか、「五歳でこれだけいければすごいぞ」ととらえるのは分析的には正しいと思います。しかし、それに止まらず、進んでこれだけがんばって積めたとか、三〇分かけて自分の頭より高く積めたとかいうことに感心するというこ とがあり、そういうことを含んで、その全体の出来事について何かうまくいっているとか、よい感じであるとか、すてきであるとかというとらえ方をしやすいと思うのです。

小学校の教師と授業研究会などで話すと、非公式で話しているときとまた違うのですけれども、そのときに教える中身があるものだから、それについてあの子は分かっているとか、あの子はどうも誤解していないかとか、目標との関連で分析的にとらえるのです。私なんかもそうやって考えています。一方で幼稚園・保育所の保育者は感覚的に答えやすいように思います。特に保育カンファレンスとかのきちっとした席だとまた少し違うのですが、ふだんですと、「ああいうのがすてきよね」といった言い方が多い気がします。

私などは研究者として、「なんとなくすてき」というもののいわば包装紙を取って、中を取り出して分析するという感じで検討してきています。しかし、もしかしたら話は逆であって、「なんとなくすてき」ということがあって、そこに光を照らせばいろいろ分析されるのだけれども、実は核としてあるのは「なんとなくすてき」ということそのものなのではないかと、ひっくり返すことができるような気がしました。別な言い方をすれば、むしろよき保育者というのは、「なんとなくすてき」ということについて敏感な人なので、それを分析的にとらえることができてもできなくても、それはよいのかもしれないということです。

つまり、分析的にとらえるということは、それを対象化して見ているのです。実践する人はその行為をしているわけですが、子どもはもちろん実践する人なのです。保育者も基本的に保育の中では実践する人なのですけれども、その実践する人というのはそこで何かよい感じになるようなことをつくり出そうとしているのではないか。そのよい感じというものがあって、それは何だろうかとか、それからよい感じがあるということは、よい感じのなり損ないがいろいろあるわけですけれど、そういうことを含めて、その感覚を頼りにしているのではないでしょうか。

気になる子とは

発達の障害の問題と絡んで以前から「気になる子ども」という言い方があります。気になる子どもというのはときに障害という言葉を使いにくいときの遠回しの言葉です。障害児と言えればよいのですが、特に保護者が了解していない場合には使いにくいので、気になる子どもと言っていることがあるでしょう。障害があるだろうと思っているのだけれども、厳密に診断を現場の人間が下せないので、おかしいなと思って、そのような言い方を用いているという事情もあります。そうなのですが、もう一方で、気になるというのは「フィール・グッド」、よい感じからどうも外れているという感覚の面もあると思います。

例えば、いわゆるADHDの多動性の障害の子どもの場合、そういう子を見たことのない人に説明するのは難しいのです。ふつうの学生や大人に説明すると、中には「でも、幼児は多動でしょう。当たり前じゃないですか」と言う人もいます。子どもというのはもともと多動なものではありますが、ADHDの子を何人か見ていると分かるのだけれども、多動の程度や感じが全然違うのです。ですから、慣れてくると、多動の子の多動性というものの激しさがひとけたふつうより多いだけではなく、単なる量ではなく、突拍子もなく多動だという感じがあります。ふつうの子の多動というのはたいていは、どこかへ走っていったときに、走った先に何か興味あるものがあるのです。見れば、「あっ、あそこに向かっている」と分かったり、あるいは今やっていることがつまらなくなってふらついているのかとか思うのですが、ＡＤＨＤの子の例ではほとんど無意味にバーッと行きます。少なくとも観察者には意味がよく分からないものです。いわゆる健常の子どもは、やっていることがつまらなくなったときには、そこからいきなり走り出すことはなく、ぶらぶらして、ふらつきながら、多分面白いものを探すのだと思うのです。けれども、つまらなくなった瞬間に、どこかにバーッと行ってしまうというのは了解しにくいのです。共感しにくいといってもよいでしょう。本当にこちらで相手をしていて、誰かがちょっと声をかけてきたから「うん？」と一瞬向こうを向いて、顔を戻したらもういないぐらいです。二〜三秒でいなくなる気がします。健常の子はそういうことはまずないのです。それまで付き合っているから、多少つながりがあるから、徐々に離れていって、ふらつくことはよくあります。

気になるということは何か引っ掛かるということなのです。何か変な感じがするとか違和感があるということです。よい感じと悪い感じという主観的な感覚というものがあるだろうと思います。われわれはむしろそこのところで日頃動いているのではないでしょうか。

美は分析可能か

それを「なぜフィール・グッドか」とか、「なぜフィール・バッドか」というのを分析的にとらえれば、ある程度説明できるわけです。しかし、それが美しさとつながると言っているのはどうしてかというと、分析しきれないと思うのです。例えば自分にとって魅力的であるところの美しい人を見ます。そのときに、なぜ私はこの人の美しさを魅力的に感じるかというのは、ある程度分析できます。顔立ちの美しさの要素を分析して、なるほどと思ったとして、でもなおかつその美しさは美しく感じられています。芸術作品というものが持っている美しさというのはいろいろ分析できるのだけれども、どう分析しても美しいものは美しいわけです。むしろ、分析が仮にしきれたら、多分魅力がかなり減少します。いろいろ分析可能ではあっても、なおかつ私にとって美しいものは美しいのだというところで、美しさの独自性があるのです。

美しさというものは、もともとそこに分析は可能なのだけれども、しかし分析を拒むところがあって、その分析を拒むということが美しさというものの一部なのです。いろいろ分析できるのだけれど、なおかつ、なぜ私はこのことに魅力を感じるかは分からないわけです。そういう美しさが持っている特徴というのは、そういった謎であり、不可思議さを持っているところにあるのです。つまり、不可思議でなくなったら、多分美しさというのは大幅に減るわけです。美人を鼻筋が通ってるし、左右対称になっていて、目がぱっちりとして、色白である（進化心理学ではそのようにデータから分析しています）と明快に分析できるのですが、それに対して美人女優のほうは（あるいは女性にとってのイケメン俳優は）分析してなおかつ魅力なのです。

いわゆる美だけではなくて、例えばわれわれの持っている感覚に訴える、例えば音楽も美しさの一種ではあるでしょうし、あるいは料理もそうです。料理を食べて、おいしいというときに、例えば見た具合がちょうどよいとか、このニンジンの柔らかさがこうであるとか、塩の利かせ方がどうとか、いろいろ分析できるのではないかと思いますが、仮にできたとして、なおかつ料理はやはりおいしいものはおいしいと感じられます。多分われわれはベースにさまざまな感覚を持った生物ですから、その感覚というのはどこかで分析を拒むわけです。特に原始的な感覚ほどそうなのだろうと思います。いずれそれは、例えば脳のメカニズムとして言えば、音楽の場合などで、ある種のメロディーというのは哀しみに近いものを感じますが、それはたぶんある種のメロディーが脳のどこかに来て、それが例えば悲哀みたいな感覚とつながるのだと説明できるようになると思います。でも、それはメカニズムとして説明されるけれども、われわれの経験としては確かにある感じを持つということです。

そうすると、人の顔の美しさに感ずることもそうだし、音楽のあるメロディーに自分の何かが揺さぶられることもあるし、いろいろなところでわれわれはさまざまなことを感じていきます。感じていって、それを発展していけばいろいろ複雑な感じ方となりますが、でもその基に戻れば、要するによい感じなのかどうかというところがベースになります。

環境の中にいてよい感じを受けることとつくり出すこと

よい感じであるということは感覚レベルとしてあるのだけれど、これがベースとしてあった上で、そこから何かつくり出していく働きがあります。先ほど子どもの例として挙げた積み木を積むとか、泥団子をいくつも作るというのは、子どもたちがよい感じであるところのものをつくり出しています。

子どもたちはさまざまなものを外に向けて構成していくわけです。おそらくこの幼児にとっての実践活動というのは、「フィール・グッド」というものをどうつくり出していくか、というところにあるのではないかと思います。音楽を聴くとか美術を鑑賞するとか、鑑賞というのは与えられるわけだから受け身の行動です。その種の鑑賞という作用というのは、幼児はしなくはないけれども、少ないでしょう。音楽でも美術の授業でも、あるいは国語の小説を読むとか詩を読むとかでも、鑑賞というのはやや高度で、例えば小学校の図工の目標の中には「芸術作品を鑑賞する」というのが入っていますけれども、これは上のほうの学年です。その前は自分たちで作っていくわけです。

受動性と能動性を分けてみます。よい感じというのは、基本的には受動的な働きだと思います。つまり、われわれが今ここにいたときに、よい感じに「なる」わけです。なるということは、この周りの空間なり何なりがよい感じにしてくれるというものであるということです。これを洗練させると芸術の鑑賞になってくるのですが、そうでないにしても、そこら辺を歩いていても木々がよい色でよい感じがするといった経験をします。それらは受動的な働きです。そういうよい感じがするというものは、つまりわれわれが環境の中にいて、それを受け止めて、よい感じだと思うことです。

ある環境の中に人がいるとしますと、この小さい環境の中にいて、何かよい感じだというふうに思い、感じる。それはつまり、この環境が与えてくれる作用なわけです。その一方で、特に子どもはこのよい感じであるというものをつくり出すという働きをするわけです。そうすると、ある環境の中にいて、そこでよい感じだと感じるのだけれど、逆にあるものに対してよい感じであるものをつくり出していくという働きに分けて考えられます。受動的な働きと能動的な働きの双方があり、人間が環境の中にいて、環境と相互作用するわけですが、そのときの相互作用の基本的なあり方となっています。それが何かうまくいってるという感覚を持つわけです。

一方でわれわれは自分の周りにある環境をつくり変えることができるので、そういったよい感覚のものをつくり出していきます。環境のある部分を再構成してつくっていきます。人間は環境の中に生きていくのだから、その環境の中で何かよい感じがするというところを移動し、行動していくわけです。何かよさそうな感じがするというようにしていくわけです。ときにその逆として、何かまずいぞという感じがするものがあります。そういう感覚を頼りにしながら、活動していくでしょう。その一方で、われわれは能動的によい感じがするものをつくり出すことができます。

例えば人間の発達で言うと、乳児期というのはそういう意味では受動的です。嫌な感じがすれば泣くわけだし、よい感じがすれば笑ったり微笑んだりするわけです。もちろん一歳くらいになれば、嫌な感じがするのを、声によって「おなか空いた」とか「おむつ替えてほしい」とかということを使い分けて、声を変えるかもしれないけれども、最初の数カ月について言えば、それほど差はなくて、とにかく嫌な感じがするときには泣くわけです。ですから、基本的に受動的な感覚で動いているのだけれども、よい感じかどうかということについてもはっきりと感じているはずです。そうやって子どもたちが年齢を重ねていくにつれて、どこかで積み木を積むという典型的なことができるようになる。つまり、自分たちでよい感じのものをつくることができます。これは能動的であり、達成するということです。

逆に、受動的に感じると呼んでいることは、環境をかなり全体的にとらえている感じのことを指しています。例えば部屋に入ってきて、何かよい感じとか逆に嫌な感じというときには、この部屋全体の感覚についてのことです。自分を取り囲むこの小さい環境があるわけだけれども、そこに対する感覚としてあります。そこでよい感じかどうかをつくり出すものが、最終的に特定されるかもしれません。

それはちょうど匂いみたいなもので、よい匂いがする、悪い匂いがするというのがあって、よい匂いの元をたどったらここにあったということはあり得ることです。でも、匂いというのは、匂いが出てきて、あるところまで来ると環境全体に広がるでしょう。匂いというのはわれわれを包むものです。それは文字通り物質的に包んでいるわけです。要するに匂いの元は化学物質ですから、微粒子としてあって空中に散乱しているわけで、それがわれわれを囲むわけです。同じように、さまざまなものがわれわれを囲んでいて、それが全体としてこの小さい環境になっていて、それがわれわれを包むわけです。

包まれる感覚

包むというのは比喩ではなくて文字通りのことです。われわれが例えば匂いに包まれるときがあります。匂いの粒がここにもあるし、こっちにもあるというふうに、空気のいたるところにあって匂いを出す。それから、光にも包まれているわけで、光というのは例えば天井の灯りから光が来ていますが、同時にいろいろなところから反射して光がきています。放射光といって、光源から私に真っ直ぐに光が来ています。光が反射して来るというのも放射光です。それ以外に影のはずのところでも明るく感じられます。そこら辺が明るいのは、灯りの光がまっすぐに来ているだけでなく、影のところなどはいろいろなところから反射しているからです。それを散乱光といいます。ですから、そういう光に包まれているわけです。匂いに包まれているし、光にも包まれているし、音もそうです。

声と音のことは第3章で論じました。声を出すと、聞いている人のところに真っ直ぐ届くわけですが、同時にこの声はこの部屋中に反響しています。声が反響して、○・何秒か響いています。その響いている声は、実はいたるところから聞こえてきます。後ろからも聞こえています。人間の耳というのは一番大きな音のソースを把握するようにできているので、ここから声が出ていると思えるのです。口を使ってしゃべっているから、口から声が出ているように感じます。サラウンドスピーカーというものがあって、前側にスピーカーを付け、後ろにも付けてというときに、後ろからも声を出していて、なおかつ、前面から声が聞こえているようにわれわれは感じます。つまり、声というのは一直線に来るのと同時に、声もまた散乱したものとしてわれわれを包むわけです。基本的にすべての感覚というのはその物体から真っ直ぐ届くと同時に、散乱してわれわれを包むものとしてあるわけです。

包むものとしてあるというのは、環境側から言っているので、主体側から言えばわれわれはそういうものに包まれているのです。それが全体としてよい感じというように主体としては集約されます。それは、ちょうど乳児がお母さんに抱っこされているとき、その母親の体によって包まれているというのと同じように、われわれはこの環境に包まれているのです。そういう受動的な感覚をわれわれは持っているのと同時に、あるときからまわりの環境に働きかけるという行為によって、よい感じのものをつくり出していきます。

よい感じのものをつくり出す

よい感じのものをつくり出すというのは、環境全体を変えることはできないので、一遍にはできません。そうではなくて、特定のものをつくるしかないのです。これを作品と呼ぶならば、ある作品をわれわれは常に作り出します。ですから、子どもはものを並べるとか積み木を積むという作品を作っています。これは環境全体をつくり出すわけにはいかない。何カ月もかければできますけれど、すぐにはできないわけです。そうすると、よい感じというものがここで二重の構造を持つわけです。つまり一つの環境の中に作品が生まれることによって、われわれはこの環境全体のよい感じとこの作品のよい感じという二重の焦点をもって相対することができるわけです。

ここに既に分析の芽があります。作品というものは周りの環境から相対的に独立しています。例えば絵の場合に、絵において枠というものが持っている意味という議論をしました。作品としての絵というのは額縁があるわけです。縁・枠があります。われわれは絵を見るときに、いろいろ描いてあるものを見ます。そのときに、壁などが周りにいろいろとありますけれども、そういうものは見ないでこの絵を見るという習慣を持っています。ちなみにそういうやり方というのは、決して一般的なものではなくて、これはおそらく近代的な習慣なのです。例えば、西欧で言えば、絵というのはやはりインテリアの一部ですから、壁画とかタペストリーとかというのが常にこういうところにあって、それが壁紙とかカーペットの一部なのです。例えばベルサイユ宮殿とかに見学に行くと分かるのですが、絵をたくさん飾ってあり、絵はインテリアの一部です。すごく有名な絵でもです。絵をどこに飾るかというのは、宮殿の利用者の王様などからみれば非常に重要なことなのです。壁紙にもぜいたくを尽くしています。それは日本の伝統的な絵画でもそうで、掛け軸というのは今は絵として鑑賞しますが、掛け軸というのはもともとは茶室などの一部なので、掛け軸を教室の適当なところに飾ってよいものではないでしょう。しかるべきところに飾らなければいけないわけで、掛け軸を鑑賞するということは、床の間の配置とか、床の間の床柱がどうか、それらすべてのインテリアの一部として構成されています。

ですから、そういう芸術意識というのは、このミニ環境とこれがセットとして付くのだけれど、しかし、近代的な芸術概念というのは一度芸術作品をまわりの環境から切り離して、作品だけにしたわけです。例えば、印象派の絵をどこに飾るかは、あまり考えません。どこかの壁にルノアールがあってもよいわけです。それは変ではありません。要するに、近代絵画というのはそういうものであって、絵として鑑賞するという習慣とセットなのです。なぜそれが成り立ったかというと、それは作品だからで、作品というのはどうして独立し得るかというと、それは能動的につくり出した、文脈から離れたものとして美をつくり出したからです。現代社会において、美がこういう作品の美しさというものに局限されてきたわけです。

だけれども、実は二〇世紀の特に後半の美術において、こういった作品としての美というものをいろいろなかたちで否定しようとしてきたのです。例えば、環境芸術というのは一つのあり方です。環境全体を変えようという発想です。あるいはストリートパフォーマンスなども町の環境を変えようとしているわけです。ですからこの額縁という枠の中に閉じこめられた作品としての美しさというものをどうやって否定するかというのは、二〇世紀の芸術のいろいろなモチベーションなのです。それは、いま美術を例にしていますけれども、演劇もそうです。演劇は舞台という枠があって、二時間ほどで終了することになっています。それを何とか壊そうとして、例えば客席に乗り込むとか、町中でやるとか、いろいろな試みはもちろんあったわけですが、結果的にあまり壊れないで、今でも舞台芸術として維持されています。

美しさというものが、作品としての美しさということに局限されてきて、それは非常に意味があることなのだけれども、しかし同時に、元をたどってみるとわれわれは環境の中にいて、ある種の美しさ、ないしその手前のよい感じというものを十分感じます。それを洗練させたものとして、例えば茶室があり、あるいはインテリアがあり、あるいは庭園がある。庭園もどの部分が美しいかというより、その庭園を全体として鑑賞しています。

そう見てみると、子どものこういうものが美しいという議論は突飛な話に聞こえるかもしれないけれども、それは美しさというものが高度な芸術で、括弧の枠に閉ざされた「作品」というものを思い浮かべるからではないでしょうか。そうではなくて元をたどれば、こういう二重の構造の中でわれわれはよい感じのものを感じるということをやってきている。そういうところに美というものを求めるならば、子どもたちがやる行動においては、美しさというものの始まりとして見てもよいのではないかと思うのです。

作品とその文脈性

ただ難しいことがあって、積み木を積むのは典型的に作品らしくなり、文脈から分離したものです。それは多分、積み木というものが近代的につくられたものなので、作品という行為になじむのでしょう。けれども、例えば泥団子を丸めて並べていくというのは、微妙になってくるわけです。泥団子を作る場面というのは、土の山があってそこで作っているのですけれども、そうなってくると環境の中の出来事のようです。砂場で穴を掘れば、それはもっと環境と作品は切り離せなくなります。ですから、子どもたちの環境の中で子どもたちが作品を作ります。この作品というのは、しかし、芸術作品が言うほどの文脈からの独立性を持っていなくて、もうちょっとまわりとつながりながら存在しています。そういうものを子どもは一生懸命つくっているということです。

保育実践としてこれをとらえてみると、保育者というのはおそらくそういった二重の構造の中で感じ取っているだろうと思います。つまり、子どもたちがいろいろな活動をしています。保育者はその中に入って見ているわけです。空間の中に子どもがいて大人がいるのだけれども、大人は子どもの活動にかかわったりこれを眺めたりして、「フィール・グッド」かどうかということを感じているのだろうと思うのです。ですから、そこでは子どもがどういうかかわりをしながら何を作り出しているかということと、それがどういう配置の中でまわりとの関係をつくり出しているか。おそらくその両方を見ながら、何かよい感じだろうということを思っているわけです。

それはもっと分析的にとらえれば、その子どものそれまでの歴史としての何週間何してきたかとか、子どもたちとの関係とか、いろいろなことが背景にあるのだけれども、何度も述べますが、そういう背景の総合として、よい感じであるかどうかということがあります。しかし、実際のわれわれの経験に照らしてみれば、別々のことが総合されて美という経験になって、その美なるものが分析されて説明されるのだけれども、なおかつ美は美としてまとまりを持ったものとしてあるのだということです。

そうだとすれば、保育者はどうやってそういった美的感覚を子どもの活動の中で養うのか、感じるようにするか、それを日々営んでいるわけです。子どものほうは、園の環境の中で日々、やはりよい感じのものを探したり、つくり出したり、つくり出そうとしたりということをいろいろやっていて、具体的に自分たちがやれることが見つかってくると、そこにのめり込んで一生懸命やることでしょう。それをわれわれは保育における遊びというふうに呼んでいると思うわけです。

美への感性を育てるとは、基本的には美的感覚の芽というものを、保育場面の中心的なとらえ方にして、そこからむしろ派生的にさまざまな分析を試みるということを、保育のあり方と見たほうがよいのではないだろうかと考えたいのです。

よい感じのものの年齢差と分析の仕方

よい感じというものは当然、年齢とともに複雑になるわけですし、特によい感じのものをつくり出すというときに、その構想を描きながら時間をかけてつくれるわけだから、違いが出てきます。部品みたいなものを作って、それを全体として構成するということは、ある年齢になれば可能になります。例えば、小さい子どもなら同じ色のものを集めるぐらいなのが、ちょっと上になれば色と色を組み合わせるとかいうことが出てきます。ですから、そういう構造的な変化というのは当然起きていきます。それは、認知的な進歩によるところが大きいでしょう。その元にあるよい感じのものを何かパターンとしてつくるということは、共通にあるように思います。

分析していくには、一番簡単には、よい感じはよい感じとして、一方でその元を探すというようなことが出来ます。だから、さっき言ったように、美人の人がいると、美人はどういう要素からできるかというのは、わりと簡単です。美人が持っている共通の要素がまず出るわけです。これの例外はなくはないけれどすごく少ない。それは一つのやり方です。ただ、それがなぜ美なのかと聞かれるとよく分からないのです。つまり、美だということは最初から与えておけば、それを分析できます。美人というのは人によって定義が違うと思うかもしれませんが、そんなことはなくて、美人であるというのはわりと似ているようです。時代や文化や社会で確かに違うのですが、典型的美人というのはわりと似ているようです。だから分析できるのです。

いま言っているよい感じというのは、実は主観的で、何をよい感じと思うかはその人次第で、客観的に決めがたいことです。だから、客観的に決められるならば、こっちはよい感じ、こっちはそうでもないというのを比較して、客観的な分析をする。そうすると、よい感じを起こしやすい場面というのを取り出せます。それは古典的な美の世界がある程度安定して成り立てば可能です。例えばかなり昔の古典的な絵はそういうことがある程度できるでしょうが、現代美術では無理ではないでしょうか。美しさというのを醜さを含めて成り立たせてきたからです。現代美術は多分、美しさというものを再定義し直して、われわれが美しいと思うことにショックを与えるものが美しいというふうに次元を上げたのだと思います。だから、実証的に分析しにくくなっています。それはわれわれの美の概念をいかに壊すかということを組み入れた美だからなのです。

幼児のよさもそれと似ていて、何でこれがよいと思うかということがきわめてダイナミックな特徴を持ちます。不安定と言ってもよいですけど。だから、その辺は非常に難しい。ただ、例えば、子どもが作るよさというものはある程度分析できます。具体的な研究として誰が見ても、よさそうなところはよしとして、その特徴を抽出はできるでしょう。個別の実証研究としてはできるはずです。だけど、問題として何かすごく大事なものを取り逃がしてる感じはどうしてもあります。そこをどうしたらよいのか。非常に難しい課題が見えてきています。それはまさにていねいに子どもの様子を記述するところから何かが出てくることを期待してよいのではないかと考えているのです。

第10章——感情の場としての園環境

感情を人間にとってどういうものとして考えるかということは、まだ十分に位置付けられていないと思います。感情についての心理学の研究は非常に進歩しましたけれども（無藤他、二〇〇四などを参照）、主には個性的なシステムの問題とか社会的な機能の問題として考えていると思うのです。例えば表情分析などもずいぶん進展していますが（吉川、二〇〇五）、実際にその人間が特定の場にいながら周りとやりとりしていく中で感情というのはどういうような働きを果たすのかということについては、まだまだ検討の余地がたくさんあると思います。保育現場においては、感情とか共感が決定的に重要だと皆、当然のように思っていると思いますが、しかし正面切って特に感情の問題を扱ってはいないのです。

保育所保育指針でも幼稚園教育要領でも「情緒の安定」を大事にし、さらに子どもの意欲や自己肯定感の育ちにつなげていきます。ここでは、感情の心理学的検討に立ち戻りつつ、感情の育ちを教育の問題として発展させて考えてみます。

感情の心理学的なとらえ方

感情というのは定義することは難しいのです。みんな「あれである」ということは知っているわけですが。心理学的に簡単に言えば、活性化ないし興奮の度合いがひとつだと思います。活性化とはどのぐらい元気があるかという程度です。これが下がれば眠くなるし、上がれば興奮過剰になるわけです。もう一つの次元が、さまざまな喜怒哀楽です。喜びとか哀しみとか怒りとか、そういう感情の種類です。これは肯定・否定の一次元に加えて、たくさんの種類に分かれています。喜怒哀楽をどう並べるかについてはいろいろな議論があります。例えば喜びの次元でもささやかな喜びから大喜びまであるとか、怒りでもちょっとむっとするのから怒り狂うところまであるとか、そういう程度があると言ってよいと思います。なお、感情と情動という言葉は人によって区別はしますけれども、本書ではあまり区別せずに使います。

そういうものをわれわれ人間は感じるわけですけれども、そのときにそれを感じる対象をどうとらえるかということの検討がひとつ問題になると思います。つまり、何についての感情かということです。例えばうれしいということがあったときに、自分の中にうれしさの感情があると言ってよいわけだけれども、そのときに何についてうれしいかというと、何かよいことがあったとか、すてきな人に会えたとか、そういうことによってうれしいわけです。そのときの感情が、その人を囲むところのある状況に対象が組み込まれていて、さらにそこに主体・自分があるわけですが、そういう関係の中で感情というものを位置付けられます。一つの位置付け方は主体・人間の中の感情システム、特に自律神経系の問題と大脳のある部分のある種の興奮としてだと思いますが、同時にその感情というのは特定の状況の中にあるわけです。

それからまた、特定の対象とか特定の出来事について感じているわけです。これは前章の議論とも関連します。「よい感じがする」(フィール・グッド)ということが重要ではないかと述べました。そのよい感じがすると言っているのは英語で言えばフィールということで、フィーリングというのは感情と訳してもいいわけです。ですから、前章の議論のある種の発展として本章の議論があるわけです。

感情と呼ぶと「感じる情」ですから、「情《なさけ》」という字は自分の中にあるものとふつうは考えています。だから、私がうれしかったり、私が悲しかったりするわけです。その一方で、状況が悲しいのだというふうに見ることもできるわけです。例えば自分がうれしい気分のときにはまわりもすべて明るく感じられる、明るく見えてくるわけで、自分が暗い気分だとまわりも暗く見えてきます。それは自分の感情の投影であると呼んでもよいのですけれども、あるいは自分の感情に応じて外界の情報を選択的に取り入れているとか、外界について感情といういわばレンズによって解釈を与えていると言ってもよいわけです。

つまり、感情というのは一種のコンタクトレンズや眼鏡のようなものだと思えば、うれしい感情のときにはピンク色のものがあってピンクに見えている、悲しいときにはブルーになって冷たく見えるというふうに、自分の側が持っているある種の感情をバイアスととらえることができます。通常の心理学のとらえ方、特に認知心理学をベースにしたとらえ方というのはそうやっているわけです。それは必ずしも認知心理学だけのことではなくて、現代人にとってそういうとらえ方は自然なことが多く、それほど違和感を覚えません。

その一方で、悲しいというのはまわりが悲しいのだと感じる心情というのは意味がないかというと、必ずしもそうではなくて、そのように感じることは確かにあるでしょう。そこが微妙なところなのですが、おそらく近代的・現代的な社会においては、そういった自分の感情をあらわにしない訓練をされていくわけです。あらわにしないというだけではなくて、感情は個人のものであって、それと別に客観的な事態があるというふうにとらえているわけです。それはある種の科学的な態度であるし、ビジネス取引でもその態度の方が望ましいでしょう。つまり、状況は客観的に自分の主体的な関係と無関係に存在していて、それに対して主体がある種の感覚なり感情をもってそれを状況に投影することによって、ある種の事態について感情を感じるわけです。もっとしっかり感情を制御すれば、状況は客観的に見てそれと切れたかたちで私の感情があるのだと分析的にとらえることができるわけです。

感情が状況と絡み合う

人間は確かに感情と状況を切り離して状況を客観的に捉えて動く面もあると思うのですが、もう一方で人間の感情というものがもっと状況と絡み合っているものとして働いている部分もあるのではないでしょうか。それはつまり、哀しいというときにまわりがすべて哀しいのであって、そうすると、私が哀しいではなくて哀しい気分というものがあるわけです。難しい分析をしなくても、哀しみという感情があるとすれば、その哀しみの感情はどこにあるかとあえて問うたときに、それはまわりの世界を経験するあり方として哀しいのです。哀しみという感情は脳の興奮なり何なりとしてメカニズムとしてそうであったとしても、別に哀しいということをそこで感じるわけではないですから、哀しいというのはこのまわりについて哀しいわけです。もちろんそれはすべてが一体的だと言いたいわけではなくて、自分が哀しいときに世界すべてが哀しく見えるという素朴な関係が成り立つこともあるし、私は哀しいのにまわりの人はうれしいとか、楽しく過ごしているという断絶なり違和感を感じることもあると思うけれども、いずれにしてもそういったまわりの対象についてある感情を伴って感じることがあるということです。

われわれは感情というときに、それは主体の内側に感情のメーターみたいなものがあって、うれしさ8とか、哀しみ3とかある種の心理状態では感じるでしょう。それは素朴理論としてもそういうふうに理解すればよいところがあります。同時にもう一つあるのは、もっとわれわれの感情というものが主体と状況をつなぐところに生まれているというとらえ方なのです。それは前章に論じたところで言えば、よい感じと嫌な感じというのに近いことです。嫌な感じであるとします。そうすると、嫌な感情が内面に出ているだけではなくて、何か陰鬱《いんうつ》な気分になってきます。もっと怒りとか哀しみとか、そういう明確な感情になるときもあるけれども、そうではない気分として嫌な気持ちになることもあります。

実は心理学の議論としては、気分と感情というのを分ける人もいるし、分けない人もいます。分ける場合には気分というのはムード（mood）ですが、感情は通常はアフェクト（affect）とかフィーリングとかエモーション（emotion）とかで、いちいち訳語は変えることも、変えないこともあります。ここでの議論としては、気分と感情を連続的なものだととらえています。気分というのは比較的によい、悪いという感じのグローバルなものですけれども、感情と呼ぶときにだんだんそれが細かくなっていきます。怒りというよりは憤りであるとか、憤りであるというよりは何とかであるとか、こうなっていきます。ですから、気分と感情を全体としてとらえたときに、何々についてのということは十分当てはまってくるだろうと思います。特に気分というのは状況全体についてのことだろうと思います。陰鬱な感じというのは、この空間なり何なり全体に当てはまることだろうと思います。

例えば、外に出て、緑も鮮やかで、空が青くてすがすがしいとします。そういう気分がして開放感があってというときのある種のさわやかな気分というのがあります。その気分は私が感じているのだけれども、同時に、この並木道を歩いているその状況なのです。あるいは地下の通りを歩いて何だかの陰鬱な気分になるとして、それは確かに私の中でつくられているには違いないのですが、同時にその気分をその空間において感じているわけです。ですから、それはおまえの解釈による感じ方だと言われれば、そうなのだけれども、そこを歩いているときの状況が気分が悪いというか陰鬱であるわけです。さわやかであり、陰鬱であることがかなり状況的なものとしてあるということが分かります。

感情の感じる対象とは

では、ほかの感情らしい感情についてはどうなのだろうかというときに、例えば「むかつく」というのはある種の広い意味では感情だと思うのですが、怒りみたいなものでしょうか。そこには必ず対象があります。どことも知れず怒ることはあまりありません。通常はある人に対してです。もちろん自分について怒ることもあるけれども、通常は誰かほかの人が自分にとって嫌なことをしたとき、あるいは自分の邪魔をしたとき、かつそれが不当であるといった認識も加わるのかもしれませんが、そのようなときに怒るわけです。むかつくというのはまさにその言葉で分かるようにむかむかするのだから、自分の内面からわいていることです。ですから、本当に胃が痛いとかそういう意味合いで、どこかがむかむかしているわけです。だからむかつくわけだけれど、それはしかし同時に、特定の対象に対してむかつきます。だから、むかつきという感情だとすれば、それは私という主体と対象である誰かをつないだ感情としてあるわけです。

その逆を考えて、好きであるということを考えると、多くの心理学者は、好きというのは感情を含んでいるけれども、感情そのものではないと言っていると思います。感情としてはうれしさであるとか、ハッピーであるとか、そういうものとして定義して、好きというのはそういうことと対象認識との関係でつくられたものと複合的なものとするかもしれませんが、ここでは広く感情というのを使って、好きというのもある種の感情だとします。そうすると、好きというのは誰とも言えず好きということはないのだから、必ずある対象について好きであるとか、ある状況が好きなのです。あるいは、好きのもうちょっと程度の弱い感じというのは面白いということかも知れませんが、これはインタレスティング（interesting）、私の興味を引くということですけれども、これはもっとはっきりとある対象なり状況が私の興味を引いて面白いことです。

ですから、そういった種類の感情というのは、必ず何々についてのというものであることが分かります。そういうものと切り離して純粋感情というのがあるかどうか知りませんが、確かに何とは知れず私はハッピーな気持ちであるとか哀しい気持ちであるとか、まわりと切れた内側の感情もあり得るとは思います。それは、朝起きて、非常によく寝て、気分がよくてハッピーであるというときには別に、特に何についてというわけでもないわけですから、そういうこともあることはあるのだけれども、多くの場合には、対象についての感情であるということです。こういう感情というものは、これは心理学が昔から言っているように必ず行動と結び付いているわけです。つまり好きなものには接近するし、嫌いなものは避けたいと思うわけです。ですから、今のような広い意味での感情というのは、われわれが特定の場の中で行動するときにある種の方針を与えてくれるわけです。ごく素朴に言えば、面白いとか好きだとかいう方向には近付くのだし、嫌だなと思うところは遠ざかるということによって、われわれは行動可能になります。

そのときに、なぜだか分からないけれども好きだとか、なぜだか分からないけれども嫌いだとか、なぜだか分からないけれども面白いとか、つまり十分に分析できないのだけれども、その種の感情は起こり得るわけです。それはある種のよい感じがするといった感覚的なものですけれども、感覚と感情は密接につながります。そういうものはなかなか分析しにくいわけです。特に感情として感じられるものというのは、なぜそう感じるのかと聞かれてもよく分からないものです。なぜあなたはあの人が好きなのですかと言われたときに、答えられなくはないかもしれません。好みな顔をしているとか何とか言うかもしれませんが、でも、それはむしろ後解釈というもので、好きになることが先にあるわけです。もちろん好きになるとか嫌いになるということのある種の元はあるはずだから、私がある人を好きになるとか嫌いになるときの条件のようなものが幾つかあってそれが規定されているだろうと思います。しかし、当人としてはそれは十分に分析されないわけです。つまり、十分に検討した結果として好きになるわけではなくて、好きになるものはなるわけです。そこではなんとなくというかたちで、ある状況についての感情があって、その感情に基づいてわれわれは行動するわけです。

われわれは大人になっているので、好きとか嫌いとかということは取りあえず置いておいて、やるべきことをやるという世界で生きています。しかし発達的に考えてみたときに、おそらく子どもが小さければ小さいほど、やるべきことをやるという要素ももちろんありますけれども、それは総体的に低くなって、どちらかと言えば好きだからやるとか、面白いからやるということが主となっているだろうと思います。

保育における心情とは

やっと保育の議論になりますが。幼児の場合に、例えば幼稚園・保育所は子どもの意欲を大事にするのだといつも言うわけです。心情・意欲・態度とセットでいつも語って、それらを大事にし、育てるのだと言っています。それを本気で考え直してみると、実は小さい子どもたちは、好きとか面白いとかそういうところで動いているということになると思うのです。それは、何々について面白い、何々について好きであるということです。

園の中にいろいろな遊具があるとします。そのときに、これはなんとなくやりたいとか、これは嫌だなと思うと感ずるとすれば、いわば好きなほうにはピンクのオーラがあって、嫌いなほうにはブルーのオーラがあるというように、自分の主体側から見たときに、そばに行きたいようなものと、あまりそばに行きたくないものとがあると感じられると思うのです。街を歩いていてもよいし、あるいは園の中をふらついていてもよいのですが、そこは実はさまざまなプラスの魅力を持ったものとマイナスの嫌だという感じを持つものと、またどちらでもないものとあって、特に小さい子どもはできる限りプラスの方向に行こうとするだろうということです。

例えば駅から歩いてきたときに、知らない人たちがたくさんいてすれ違います。そのときに、向こうから来た人は知り合いで親しい人であるとします。そうすると、そこで急に空間の印象が変わって、さらにその人が近付いてあいさつをして「元気?」とかお話をする中で、その空間の印象ががらっと変わってきて、親しげな空間になっていきます。例えば向こうから人がやってきたときに、見知らぬ人だと最初は思っているわけだけれども、それがふと見たときに自分の親しい相手だとある瞬間に分かったとします。その瞬間に何でもないところに急にピンクのオーラがパッと出るというような感じになります。

園の空間における感情的あり方

園という空間において、子どもにとって魅力的なものが置かれてあって、また嫌なものがちょっとあるとします。そうすると、この空間というものは魅力的なものを中心に構造化されていて、ここに行けば滑り台があるとか、こちらにはウサギがいるといった具合になります。こちらの方には怖いところがあるともなるでしょう。そういったプラスとマイナスの価値付けのようなものを空間に対して感じています。そうすると、園に朝来たときに、子どもとしてはプラスのほうに近付こうとするわけです。これは、子どもにとってまわりの世界はどう見えているかということです。私たち大人が、町を歩いていると見知らぬいろいろな人がいます。群衆がいる中で歩いていると、向こうから親しい人が現われた瞬間に、その人が群衆の一人ではなくて自分の親しい友人として現われるわけです。その瞬間において群衆が存在するのではなくてその親しい人がいて、その人のまわりにいろいろな人がいるという関係になります。あるいは、町を歩いているときに、それぞれの関心によってどういう店があるかということの印象がすごく変わります。何か自分の興味を引くとか、よいなあと思うとか、そこにさらに加わってそこで何かしてみたいというふうに思うということです。気に入っているということとか、かかわってみたいとかというところが浮かび上がってきていて、それ以外は見えないわけです。

その選択というものが基本的には好き嫌いであるとか、あるいは興味を持つとかかかわりがあるということをベースにしているということなのです。最初に言ったように、町並みというものが客観的に置かれていて、それをどう解釈するかというモデルとは違って、最初からこのまわりに対していわば遠近を付けてとらえているのだということです。それはちょうどわれわれの目がとらえるとらえ方と、カメラによるとらえ方の違いみたいなものです。ふつうの倍率のカメラで撮ってしまうと、大抵われわれの目に映るものより小さく見えます。例えば遠くに富士山が見えて、「おお」と思って携帯のカメラで撮ると、望遠ではないので、富士山が見えるのか見えないのかくらいにちょこっと出てるみたいな感じに写ります。だけれども、東京で富士山がどこかのビルから見えたとして、感動します。生の目にはずいぶん大きなものとして見えるのです。

別の例を挙げると、部屋のとらえ方というものが、特に小さい子どもを連れてきたときにすごく違うものとして見えているだろうということです。例えば幼児が大学の教室の辺を歩いてきて、ドアをのぞいてちらっと見て、「何だ、つまらない。何もない」と言って立ち去るのはありそうです。でも、何もないはずはないのです。たくさんのものがあるわけだけども、それは興味を引かない以上は存在してないわけです。そういうようなものとして、まわりを遠近化しているのです。

そういう把握の仕方というのは人間の持っている本質のある面なのですが、特に幼児においては強いのではないかということです。そうだとすると、子どもがまわりのものに積極的にかかわっていくようにするためには、どうやってこの子どものプラスの感情というものを動かしていくかということを考えなければいけないのです。

子どもにとってまわりに机がありいすがあるとか黒板があると見えているわけではなくて、面白いものがあるか、自分が何かできそうなものがあるかというかたちで見えているということなのです。そう見てくると、こういう主体と状況の関係の中で行動が生まれてくるのだけれども、ここで対象について感じると言いましたけど、それはある種の誘発であって、あるいは別な言い方をすれば、いろいろな対象がわれわれの行動をそこにかかわることを招くわけです。誘発というのは招き寄せているわけです。コーヒーのカップがあれば、それが「コーヒーを飲みなさいね」と呼び掛けてくるわけです。

行動を誘発する環境

つまり、好きだとか面白いということは、それ自体として心地よいという関係なんだけれども、行動との関係においては、つまり時間軸の流れの中で見てみると、それはさらなる行動を誘発するものとしてあるのです。われわれは近代化された社会に住んでいて、さまざまな視聴覚情報を与えられるんだけれども、その多くは触ることができないものとして提示されることが非常に多いのです。テレビの映像もそうです。だけど、本来魅力的なものがあったらそこにかかわろうとするというのが、特に小さい子どもにとっては自然な発想です。だから、ここに面白そうなものがあったら、たいてい子どもはそばに寄って触ります。もちろん世の中には規範というものがあって、「いや、それは触ってはいけない」とか、「先生のものだよ」とか、いろいろ細かいことが指示されています。つまり、ものが魅力的に感じられるとか好きに感じられるということは、それに対して次のかかわりを誘発し、招き寄せている。子どもにとってみれば、滑り台があれば滑りたくなるわけで、あるいは水が流れていれば入りたくなったり触りたくなるわけです。つまりそういうふうに常に誘発するものとしてある。この環境が持っている誘発性ということが保育の要にあります（無藤、二〇〇二）。園というのは子どもに活動させるためにあるわけですから、大人は緑の並木道を見て美しいなあと思ってよいのかもしれませんけど、子どもにとってはそうではなくて、そこで何ができるかということなのです。つまり、視覚的・聴覚的に与えられたものを感じるだけではなくて、そこで自分がよいなと思った瞬間にそこで何かしたくなるわけです。だから、例えば幼児で音楽を静かに聞く子もいないわけではありませんが、でも多くの場合には音楽を聞けばそれに合わせて踊るとか何とかすることでしょう。そこに環境の持っている誘発性が働いています。

それぞれが行動を誘発しています。誘発するものにあふれている場として園の環境というものを考えていきます。そうすると、感情の場としての園環境と言いましたけど、それはこの園の中にさまざまに「私に触って」と呼んでいるものが置かれているのです。われわれは大人としてそういうものに慣れすぎているのであまり分からないし、また感じない訓練をしてきているわけでもあります。分かりやすいのは、コンビニとかスーパーマーケットとか、ああいうところに小さい子どもを連れていくと、おなかが空いているとお菓子を取って食べようとする。でも、そこで行動が誘発されてはいけないでしょう。だけれども、何かを買うのだから選ばなければいけないのですが、それはかなり微妙な作業です。つまり、どれか一つを買うという程度には誘発されなければいけない。しかし、全部に誘発されたら多すぎるのだし、その場で誘発されて開けて食べてもいけないという、難しい作業を要求されます。だから、小さい子どもにとっておもちゃ屋だとかスーパーのお菓子売り場というのは、「みんな欲しい」みたいな感じになるのです。

使ってみて誘発性がつくられる

実際には、園の空間というのは、そういう直接的誘発性を持つわけではないのです。それはむしろ意図的に避けているのです。園における環境というのはすぐに何かをしたくなるように誘うものとしてはつくってありません。例えば積み木とか砂場というのを考えたときに、積み木というのは例えば色合いも冴えないものが多いし、砂場もそうです。砂場の色は砂の色というか、地味な色です。積み木にはカラフルな積み木もなくはないですが。それにしても、カラフルであろうと、砂場にピンクだのブルーだの色を付けても、ちょっと目を引くだろうけれども、それだけのことで、それ自体としてあまり誘発的ではないでしょう。そういうものは、子どもが実際にかかわることを通して誘発性がつくられているわけなのです。

初めて砂場を見た子どもは、砂場が魅力的だとは思わないのではないでしょうか。そういった砂場の面白さがはじめは分からない子というのもときどきいるのです。幼稚園の三歳児などには、ふだん公園に多分連れていってもらえていないとか、公園の砂場も汚いから駄目とか言われて、砂場で遊んだことのない子どもがいることがあります。砂場でどうしてよいか分からないでたたずんでいる子を入園当初の四月ごろにときに目にします。そういう子からすれば、砂場が面白く見えるはずがありません。砂とか土とかはそこら辺にあるものでしょう。実際には舗装されているかもしれませんが、それにしてもそう珍しいものではありません。しかも、それが単に置かれているだけです。そういうものが面白いはずがないでしょう。単なる地面です。それが面白いと感じられるのは、何度か経験して、掘ったり水を流したりということで、いろいろなことができると分かることでこそです。

だから、園に入ってきたときに、カラフルなことに誘発性があるかのように述べましたが、実際に言えばそうではなくて、最初は中立的な感じなのが、いろいろな経験によって次第に魅力が出てくるのでしょう。例えば、林や雑草があったり、大きな遊具があって、何度か遊んでいるうちに面白くなるのです。そこから、環境にいわば色合いがつくられていき、めりはりのある空間というのが生まれてくるのです。

感情と環境の分節化

ここでもう一つ必要な概念があって、それは分節性ということです。特に気分に近い感情は全体的なものです。例えば、陰鬱な気分というのは全体に広がっているものとして考えられます。それに対して、何かが面白そうだというときには、それが分節化されていて、特定のものに対して面白そうだと感じます。この空間全体が面白いという場合もあるけれども、通常はあの人は面白そうだとか、このおもちゃは面白そうだとして、区切られているのです。その区切りというのを分節と呼んでいます。この分節性というのが、感情というものをより洗練させるときに重要なのだろうと思います。

分節性というのは少なくとも二つの方向に働きます。一つは感情の情をどこまで分節化するかです。もう一つは対象や状況をどう分節化するかということになります。

感情の分節化というのはどういうことか。陰鬱な気分があるとして、不安感が例えば三割で嫌悪感が二割でみたいにいわば分析すればできるわけです。それは異性に対する好きという感情でもそうです。程度の違いがあり、また恋人ではなく友達みたいなのものもあり、異性に対する好き感情の分節化なのです。それは自分の感情のきめ細やかさみたいなもので、程度として分けていると同時に、好きなのだけれどちょっと面倒くさい人とか、そのように同じように好きといってもいろいろ細やかに分けられるということになります。色でたとえれば、同じように明るい色だけどそこにちょっと緑が入っているとか、ブルーが入っているとかいうふうに、一つの色の中のグラデーションだけでなくて分けられます。

感情というのは厳密には単一感情ということはめったになくて、そこにいろいろなものが複合されているわけだけれども、そこをどこまで分けられるかなのです。自覚的に分けなくてもよいのです。ちょうどわれわれが料理を食べるときに、単に甘いというよりもっと微妙な甘さを味わいます。そのときに、明確に記述できなくてもよいわけで、ある種の甘さで、これはこっちの甘さとは違う別な甘さがあると感じることです。果物の甘さとミルクの甘さと砂糖の甘さは違います。そういう具合にその感覚の中にいろんなものが入っているということを感じて、これとこれは似てるけど違うとなります。同じような意味で、感情の成分は分析できない。この人に感ずる感情とこっちの人の感情は似てるけれども違うということは、把握できる人は把握できるわけです。

もう一つは対象についての分節性ということです。例えば、この道具が使いやすいとか、気持ちよいと思ったときに、これのどこが気持ちよいだろうかと分析し、特定することです。あの人が好きというときに、あの人の一体何が好きなのだろうかととらえようとすることです。目鼻立ちがくっきりしてあの目がよいというふうな単純な分節もできるかもしれないし、いや、これとこれの組み合わせがよいとかもあるし、一つに収まらなくても、その過程を通して分節ができるわけです。

こういう感情にかかわる分節化というのは感性の発達によって支えられているように思います。これにはかなり大きな個人差があるようです。感情のきめ細やかさというものがかなり自覚的にとらえられる人は、ある種の社交性があります。社交的な人が常にきめ細やかだとは限りません。やたらに愛想がよいというのはまた別なのですが、ある種のことは人間関係の豊かさと関係していると思います。また対象のきめ細やかさというか分節性というのは芸術作品の鑑賞みたいなものです、音楽については聞いてて気持ちよいなあというのは誰にも多かれ少なかれあるでしょうけれども、例えば、モーツァルトのピアノ・コンチェルトの分析をして、どうしてこういう不安な感情が起こるかをとらえるとすれば、それはかなり専門的な分節化が成り立っています。ふつうの素人はある種の感覚や感情を音楽を聞いて感じるのですが、それがその音楽のどこから来たかがよく分からないでしょう。ある歌い手が歌を歌っているというときに、その魅力がどこから来ているのかはプロフェッショナルな人たちは瞬時に分かるようです。その辺が専門性の重要なところだと思います。

その専門性のずっと手前の子どもから大人に移るところにおいては、この分節性ということがかなり問題になると思います。そう考えてみると、感情の場としてというふうに言いましたけれども、われわれは誘発性というものを中心として感情的空間というもののデザインができると思いますけれども、それと同時にそれを通して分節性をどう養うかが問題になります。それは、この感覚・感情の細分化と類似性であり、その特徴がどこから来たかをとらえられるようにすることです。

感情と感性を育てること

これは特に表現をすることを通して教育課題として成立するのではないかと思います。感情の場としてというのは幼児教育の問題でもあるのですが、もっと大きく言うと、人間のとらえ方にかかわります。人間というのは知的存在であるのだけれども、同時に感情的存在であり、感覚的存在であって、そこに注目する必要があります。感情的存在というのは単に内面で感じるということではなくて、まわりとの関係の中で感じることだという見方が保育や教育の問題として重要です。さらに、分節化として論じたように、どこまでそこにきめ細やかさというのが導入できるかということが大事になります。学校教育というようなところではあまり採り上げられていないわけです。けれども、実社会において生きるときに、実はかなり重要なことなのではないかと思っているのです。

人間の問題として考えて、その感情面、感覚面に注目するというときに、内面で感ずるというだけではなくて、それがまわりとの関係として現われてくるわけです。そこを分析する必要があるのだと思います。さらにそれが、その関係においてより分節的になるように育てていくにはどうしたらよいかということです。つまり、感情をよりきめ細やかに感じられるようにするとか、感情の拠ってくる対象についてよりきめ細やかに把握できるようにする。そういう力なり感性を育てていくかということです。

それは例えば料理で言えば、言葉はみんな「おいしい」というだけかもしれませんが、それにしてもAという店とBという店の違いがあり、同じようにおいしいと言えばそれはおいしいし、でもやはり違うというところです。そこをきめ細やかに分析的に全部語るのはプロでないとできないのですが、少なくとも何かここら辺が決め手らしいということについては素人の範囲でもできるだろうと思うのです。つまり、ある場において何か私を楽しくさせるものがあるというときに、そこで何をするか。私を招いてくれる何かがここにあるらしいと思い、ここに来ると何かしれず楽しくなってくると感じるとします。そのときに分節化がないと、ひたすら活性化されてしまうだけで、多動な子どもみたいに興奮度が上がって暴れるかもしれません。それを分節化するということは、例えばこのおもちゃの魅力とこっちのおもちゃはちょっと色合いが違うといったことを区別できていくということです。こっちのおもちゃはこういう点がよいとか別に言葉で記述できなくてもよいのですが、ちょっと違いがあると思う。AとBとCではどこか色合いが違うように、違うものとして感じていく、それが分節化であり、そこは育てられるのではないかと思うわけです。

分節化していくというときに、まずは面白さによって誘発していかなければいけないでしょう。誘発して何かをする。そのときに、例えば滑り台で滑って楽しいとなるのだけれども、子どものほうは次第に、こういうふうにすると早く滑れるような気がするとか、普通にお尻で滑るんじゃなくてしゃがんで滑るとか、ちょっと違うことをするわけです。そのちょっと違うことにより、感覚が変わるわけです。面白さの色合いがちょっとだけ変わるわけです。そういうことを大事にすることが分節性につながります。滑っていて楽しくてよかった、そうなのだけれど、でも子どもたちが昨日と違う滑り方をちょっとだけ今日したときの、昨日と違うところを認めてやることによって、分節性が進むわけです。そういうきめ細やかさということを面白さに対して導入していくということです。

滑り台の滑り方をちょっと変えて、子どもたちが報告してきたとします。例えば「こういうふうにすると速く滑れるよ」とか子どもが言います。だけれども、大人から見ると別に同じなのですが、子どもの感覚で言うと微妙にお尻を浮かしたら速くなったような気がしたみたいなときに、「別に同じだよ」と答えてもよいのですが、そうするとそこに微妙な感覚を感じているものが失われていくと思うのです。その感覚を認めた上で、子どもが本当に言いたいことはこっちが速いということじゃなくて、何か違うものがそこに何かあるのです。それは正確には、多分スピードより、ある種の加速感がちょっと違ったとか、足がちょっとつるっとしたとか、そういう微妙なことを言葉にしているのだと思います。そういうところをうまくとらえてやり、それを膨らませるときに、「じゃ、こういうことができるよ」ということを誘導もできます。そのことによって子どもと滑り台のかかわり方が豊かになるし、そこには同時に子どもの足のコントロールの仕方の微妙さというものが入ってきます。

それは当然ながら、子どもが感じるところを大人がよく分かった上で、それをどう展開できるかです。それは大人の見る目が肝腎《かんじん》になります。その見る目というのが、先ほどから説明しているように、子どもが周りを見ているとかかかわっているときの彩りみたいな感覚をうまく感じ取っていくのです。それはよく言うように、「共感しなさいね」とか「子どもの目線に立ちなさいね」ということでしょうけれども、実際にはそういうもっときめ細かい具体的なところで感じなければいけないのではないかということなのです。

感情の教育に向けて

保育所保育指針などでは、保育における養護の働きとは、生命の保持と情緒の安定ということだとしています。保育指針では、保育所の保育の目標の基本的なものとは、「十分に養護の行き届いた環境のもとに、くつろいだ雰囲気の中で子どものさまざまな欲求を満たし、生命の保持および情緒の安定を図ること」とされています。生命の保持とは、健康・安全に子どもが生活できるようにすることです。情緒の安定とは子どもが落ち着いて過ごせるようにし、さらに自己肯定感を抱けるようにすることです。そのために何より大切なことは、保育所の安全に配慮しつつ、子どもがくつろいで日々の生活を過ごせるようにすることです。このことは幼稚園でも共通のことであり、幼保いずれにせよ、園の環境において、保育者が子どもを受け入れ、ここにいてよいのだと実感できるようにしていく姿勢が大切になります。

さらにひとつの目標は、生命の保持を子ども自らが実施できていくようにしていくことです。例えば、暑くなったら薄着になり、汗をかいたら着替えたり、体を拭いたりする。寒さを感じたら一枚羽織るなどは自立して生活するのに不可欠なことですが、子どもは案外そのことに気づきません。生活習慣の自立とは、そういったことを自分でできるようにしていくことです。排泄をしたくなったら、自分からトイレに行くので、誰かが面倒を見てくれるまで待っている必要がなくなります。

ただ、その自立の過程はすぐに片付くわけではなく、数カ月から数年を要するものです。その間、辛抱強く対応し、少しずつ支援を重ねていくのが保育の仕事です。そのわずかずつの進歩を見極め、いらだつこともなく、放置するのでもなくて、そのステップごとの支援の手立てを工夫できるのが専門性というものです。

ときに安全を考慮するあまり、危険な環境をいっさい取り除いてしまうことに気がいってしまうことがあります。例えば、保育所の中で段差をまるでなくせば、つまずいて転ぶことは確かに減るでしょう。しかし、それでは、段差に注意したり、それを越えていくスキルは身につきません。巧みな身のこなしは、そういった障害が用意されている中で生活し、遊ぶからこそ身についていきます。

情緒の安定も、まずは保育者が子どもの気持ちを受け止め、自分のままでいることを認め、時に抱きしめてやることで生まれてきます。うまく言葉にできない子どもの思いを感じ取り、表情やうなずきや手を添えることで応対することが安心を作り出します。

その上で情緒（感情）の育ちを図っていきます。まずは子どものさまざまな感情の表出を認め、助けていきます。喜んだり、怒ったり、悲しんだりすることが、まさに子どもの人間の始まりとしての特徴です。そこから生きるエネルギーが湧いてくるのです。しかし、大人とのやりとりや、まわりの子ども達と一緒に遊ぶ中で、次第に、感情を鎮めたり、穏やかにしていくことを学んでいきます。かんしゃくを起こすだけではなく、どうすれば自分のやりたいことを実現できるだろうかを考えるようになるからです。積み木の取り合いで取った相手を叩くより、一緒に遊ぼうとか、半分に分けようと折り合いをつけるようになるのです。それは感情を抑えつけて、感じないようにすることではなく、感情を感じながらも、それで気持ちに圧倒されないようにすることなのです。

否定的な感情を感じることは大事なことです。悲しいものは悲しいのです。ですが、そこで自分から気分転換をして、切り替えつつ楽しいことに注意を向けられるのも大事な発達です。機嫌良く過ごせるというのは社会人としての大事な力であり、習慣だからです。

必要なら自分を励ましたりできるのは四歳、五歳のころの大事な発達的特徴です。積み木を高く積みたいと思っても、途中で大変なのでめげてしまいそうになる。それをもっとがんばろう、やろうと思ったのだからと自分に言い聞かせるようになります。

このように、養護とされていることは保育者が配慮し、子どもを受け入れることから始まりますが、しだいに子ども自身が養護的配慮を自分でできるように成長していくものであり、そこを保育者が支援することでもあるのです。そうすると、それは子どもが自らの感情と関係を見直し、動かし、時に抑制し、時に盛り立てすることを導くのです。保育とはその意味で感情の教育でもあるのです。

参考文献

麻生　武（一九九六）『ファンタジーと現実』金子書房。

内田伸子（一九九六）『子どものディスコースの発達――物語産出の基礎過程』風間書房。

小野健吉（二〇〇九）『日本庭園――空間の美の歴史』岩波書店。

カーヴェイ、C（著）、高橋たまき（訳）（一九八〇）『「ごっこ」の構造――子どもの遊びの世界（育ちゆく子ども／0才からのこころと行動の世界・六）』サイエンス社。

ギブソン、J（著）、古崎　敬（訳）（一九八五）『生態学的視覚論――ヒトの知覚世界を探る』サイエンス社。

ゲゼル、A（著）、山下俊郎（訳）（一九六六）『乳幼児の心理学――出生から五歳まで』家政教育社。

国立教育政策研究所（編）（二〇〇六）『幼児期から児童期への教育』こどものくに。

後藤　武・佐々木正人・深沢直人（二〇〇四）『デザインの生態学――新しいデザインの教科書』東京書籍。

是澤博昭（二〇〇九）『教育玩具の近代――教育対象としての子どもの誕生』世織書房。

斎藤久美子・無藤　隆（二〇〇九）「幼稚園五歳児クラスにおける協同的な活動の分析――保育者の支援を中心に」『湘北紀要（湘北短期大学）』三〇巻、一―一三頁。

佐々木正人（二〇〇三）『レイアウトの法則――アートとアフォーダンス』春秋社。

佐藤康富（二〇〇九）「幼児の協同性における目的の生成と共有の過程」『保育学研究』四七巻二号、三九―四八頁。

シェーファー、R・M（著）、鳥越けい子・小川博司・庄野泰子・田中直子・若尾　裕（訳）（二〇〇六）『世界の調律――サウンドスケープとはなにか』平凡社。

シンガー、D・G&シンガー、J・L（著）、高橋たまき・無藤　隆・戸田須恵子・新谷和代（訳）（一九九七）『遊びがひらく想像力――創造的人間への道』新曜社。
杉原　隆（二〇〇八）「運動発達を阻害する運動始動」『幼児の教育』一〇七巻、第二号、一六―二三頁。
杉原　隆・森　司朗・吉田伊津美（二〇〇四）『幼児の運動能力発達の年次推移と運動能力発達に関与する環境要因の構造的分析』、平成一四～一五年度文部科学省文部科学研究費補助金（基礎研究B）。
仙田　満（一九九二）『子どもとあそび』岩波書店。
竹内敏晴（一九八八）『ことばが劈《ひら》かれるとき』筑摩書房。
デューイ、J（著）・河村　望（訳）（一九三四／二〇〇三）『経験としての芸術』人間の科学社。
西崎実穂（二〇〇七）「乳幼児における行為と『痕跡』――なぐり描きに先立つ表現以前の〝表現〟」『質的心理学研究』六号、四一―五五頁。
西村清和（一九八九）『遊びの現象学』勁草書房。
無藤　隆（二〇〇一）『知的好奇心を育てる保育――学びの三つのモード』フレーベル館。
無藤　隆（二〇〇九）『幼児教育の原則』ミネルヴァ書房。
無藤　隆・汐見　稔（監修）、岡本拡子（編）（二〇〇七）『保育園は子どもの宇宙だ！――トイレが変われば保育も変わる』北大路書房。
無藤　隆・堀越紀香（二〇〇八）「保育を質的にとらえる」無藤　隆・麻生　武（編）『質的心理学講座・一――学びと育ちの生成』（四五―七七頁）、東京大学出版会。
無藤　隆ほか（二〇〇四）『心理学』有斐閣。
山下謙智（編）（二〇〇七）『多関節運動学入門』ナップ。
山田　満（一九九二）『子どもとあそび』岩波書店。

吉川左紀子（二〇〇五）「顔・表情の認知研究——最近の進展」『科学』七五巻、一二六八—一二七二頁。

ルーメル、K（二〇〇四）『モンテッソーリ教育の精神』学苑社。

ローウェンフェルド、V（著）、竹内　清・堀ノ内　敏・武井勝雄（訳）（一九九五）『美術による人間形成——創造的発達と精神的成長』黎明書房。

ローゼン、C著、朝倉和子（訳）（二〇〇九）『ピアノ・ノート——演奏家と聴き手のために』みすず書房。

和久洋三（二〇〇六）『あそびの創造共育法〈4〉——積み木遊び』玉川大学出版部。

Goswami, U.（2008）*Cognitive development: The learning brain.* Psychology Press.

Rubin, K. H., Fein, G. G., & Vandenberg, B.（1983）. "Play", in W. Damon & R. M. Lerner（Eds.）, *Handbook of child psychology*, 4th ed.（pp. 693–774）. Wiley.

Taylor, M.（1999）. *Imaginary companions and the children who create them.* Oxford University Press.

ま　行

や　行

ら行・わ行

た　行

な　行

は　行

さ 行

索　引

あ　行

か　行

無藤　隆（むとう・たかし）
白梅学園大学子ども学部教授．お茶の水女子大学教授などを経て現職．主要著書に『現場と学問のふれあうところ』（新曜社，2007 年），『幼児教育の原則』（ミネルヴァ書房，2009 年），『質的心理学講座 1 育ちと学びの生成』（東京大学出版会，2008 年）ほか多数．

幼児教育のデザイン
保育の生態学

2013 年 10 月 28 日　初　版
2017 年 12 月 25 日　第 2 刷

［検印廃止］

著　者　無藤　隆

発行所　一般財団法人　東京大学出版会
代表者　吉見俊哉
153-0041 東京都目黒区駒場 4-5-29
http://www.utp.or.jp/
電話　03-6407-1069　Fax　03-6407-1991
振替　00160-6-59964

印刷所　株式会社理想社
製本所　誠製本株式会社

ISBN 978-4-13-052080-5　Printed in Japan